Harper
Collins

NADINE METGENBERG

DAS HOCHZEITS BUCH

Alles, was ihr für euren
unvergesslichen Tag wissen müsst

Harper
Collins

1. Auflage: November 2019
Originalausgabe
Copyright © 2019 by HarperCollins
in der HarperCollins Germany GmbH, Hamburg

Umschlaggestaltung: HarperCollins Germany / Deborah Kuschel,
mit Layout und Artwork von Florian Riemerschmid, München
Umschlagabbildung: Florian Riemerschmid
Satz: GGP Media GmbH, Pößneck
Druck und Bindung: Mohn Media, Gütersloh
Printed in Germany
Dieses Buch wurde auf FSC®-zertifiziertem Papier gedruckt.
ISBN 978-3-95967-349-5

www.harpercollins.de

Für Sascha

INHALT

INHALT

MEINE PHILOSOPHIE

Dream big –
the Sky is the Limit

Meinem Vater hätte es gefallen, wenn ich Jura studiert hätte. Dann wäre ich heute womöglich eine erfolgreiche Scheidungsanwältin. Um Himmels willen, den Job überlasse ich gerne Laura Wasser. Menschen trennen liegt mir nicht, lieber möchte ich Glück um mich haben und verbreiten. Keine Frage, auch eine Trennung kann mitunter Glück bedeuten oder zumindest Platz für neues Glück machen. Dennoch, ich verstehe eindeutig mehr von Hochzeiten und wie man sie feiert. Schließlich wurde ich 1975 in eine rheinländische Großfamilie hineingeboren.

Schon in meinem Elternhaus waren Spaß und Feiern von großer Bedeutung. Onkel, Tanten, sechzehn Cousins und Cousinen, dazu Freunde der Familie – wenn die alle zusammenkamen, gab es anschließend manch schöne Geschichte zu erzählen. Für diese Zusammenkünfte habe ich schon damals einiges auf die Beine gestellt. Später dann versuchte ich mich an meiner eigenen großen Familie, schließlich fragten die ersten Freunde an. Feste zu organisieren und Leute damit zum Staunen zu bringen war von Anfang an meine Passion. Dass sie zur Profession wurde, lag schlichtweg auf der Hand: Jeder tut, was er am besten kann.

Ich beherrsche drei Sprachen und vier Kinder (bei denen es zuweilen allerdings andersherum ist). Ein Diplom in Internationalem Management führte mich für einige Jahre nach Spanien und Südamerika. Durch die Zusammenarbeit mit einem Innenarchitekten lernte ich, mein Auge für Farben und Design zu schulen. Als Freelancer machte ich wertvolle Erfahrungen bei international renommierten Hochzeitsplanern und besuchte verschiedene Workshops, unter anderem bei den Wedding-Koryphäen Marcy Blum aus New York und der Britin Sarah Haywood aus London. Auch nahm ich an internationalen Hochzeitskongressen teil, auf denen ich mittlerweile selbst als Speaker auftrete, wie etwa auf dem *Engage Summit* in Irland.

Heute verdiene ich mit der Planung von Luxushochzeiten und Partys mein Geld. *Fine Weddings & Parties* ist ein kleines, exquisites Unternehmen, das innerhalb kurzer Zeit so bekannt wurde, dass es mich manchmal selbst erstaunt. Wir sind Mitglied des Luxus-Netzwerks »Event Planners International Collaborative« (EPIC), einem weltweiten Zusammenschluss von professionellen Event- und Hochzeitsplanern. In Deutschland bin ich bisher die Einzige in dieser Branche, die sich als EPIC-Mitglied bezeichnen darf.

Fine Weddings & Parties bietet Konzepte und Planung für Premium-Veranstaltungen im In- und Ausland. Dabei lassen wir auch die fantastischsten Träume wahr werden. Mein Unternehmen hat sich aus purer Abenteuerlust im Luxussegment positioniert, und ich glaube daran, dass jede Vision realisierbar ist. »Dream big – the Sky is the Limit« – das war immer mein Leitspruch und ist es geblieben.

Die Erwartungen an uns sind hoch, aber damit komme ich bestens klar. Sie zu erfüllen ist das, was mich antreibt. Natürlich hat es seinen Preis, meine Dienste in Anspruch zu nehmen. Dafür kenne ich nur ein Ziel: dass eure Hochzeit am Ende jeden Euro wert und damit – im wahrsten Sinne des Wortes – ein preiswertes Vergnügen ist.

Eine Hochzeit auf Mallorca, Capri oder Hawaii? Kein Problem, genau wie außergewöhnliche Arrangements und Details. Wir hatten eine Tänzerin, die kopfüber von der Decke hängend den Gästen Champagner in ihre Gläser schenkte. Um eisgekühlten Wodka anbieten zu können, besorgten wir einen gigantischen Eisblock, durchbohrten ihn und ließen oben den Wodka hineinlaufen. Unten kam er knackig kalt wieder heraus und lief direkt ins Glas. Eine Braut wollte zwei prächtige schwarze Friesenpferde vor der Pforte zum Schloss ihres Bräutigams stehen haben. Hat sie bekommen. Es hätten auch Elefanten sein dürfen. Selbst auf verschneiten Berggipfeln oder inmitten der marokkanischen Wüste kann meine Agentur Hochzeiten stattfinden lassen. Nur nicht auf dem Mond – noch nicht.

Hin und wieder werde ich gefragt, wer diese Menschen sind, die ihre rauschenden Feste von mir organisieren lassen. Sorry, dass ich darüber nicht spreche, ist einer der Gründe, warum mir meine Klienten vertrauen und mich weiterempfehlen. Nur so viel: Wohlhabende Menschen sind nicht glücklicher oder unglücklicher, nicht besser oder schlechter als andere. In erster Linie haben sie einfach nur mehr Geld und weniger Zeit. Also kaufen sie sich das eine mit dem anderen. Und zwar bei Profis, die ihre Bedürfnisse kennen – etwas, das ich mit Laura Wasser gemeinsam haben dürfte.

Selbstverständlich braucht ein solches Event keine Elefanten, um unvergesslich zu bleiben. Jedenfalls nicht unbedingt. Wie in der Mode gilt auch für Hochzeiten: Es gibt Haute Couture und Prêt-à-porter. Das Liebesglück hängt von diesem Unterschied nicht ab. Dennoch zeigt die kollektive Begeisterung für royale, aristokratische und prominente Trauungen immer wieder aufs Neue: High-End-Hochzeiten sind faszinierende Veranstaltungen. Kein Wunder, dass viele Paare von solch einem Lebens-Fest träumen.

Die Hochzeitsbranche boomt, in Deutschland finden jährlich etwa 400.000 Trauungen statt, was einem Umsatzvolumen von zwei Milliarden Euro entspricht. Der Erfolg von Medienberichten, Fernsehformaten und Wedding-Magazinen belegt, welche Bedeutung viele Menschen der Aufgabe beimessen, ihr Fest der Liebe optimal in Szene zu setzen. Um ein solches Event auf die Beine zu stellen, braucht es jedoch eine ausgeklügelte Logistik und ein funktionierendes Netzwerk. Nun ja, etwas Furchtlosigkeit und Weitsicht können ebenfalls nicht schaden.

Eine der elementarsten Wahrheiten gleich vorneweg: Auf die Details kommt es an – und auf perfekte Planung. Denn, ach du meine Güte: Was man alles falsch machen kann! Darüber gibt es manche Anekdote zu erzählen. Und zweifellos ist es besser, ihr amüsiert euch hier beim Lesen, als euch später in der Realität zu ärgern. Und amüsieren sollt ihr euch auf jeden Fall. Denn wenn ihr heiratet und euer großes Fest begeht, möchte ich, dass ihr anschließend selig in Richtung Hochzeitsnacht oder Flitterwochen entschwebt. Und, wenn ihr zu den geladenen Gästen gehört, dem Brautpaar beglückt und entspannt hinterherseht.

Mir verschlägt es immer wieder aufs Neue den Atem, welch emotionales Feuerwerk man mit dem entsprechenden Budget auf die Beine stellen kann. Einige dieser Impressionen und Erlebnisse möchte ich gerne weitergeben. Und weil ich zu all den Tricks und Kniffen, die eine Hochzeit zu einem einzigartigen Fest machen, einiges zu sagen habe, lag es für mich nahe, das alles einmal in einem Buch zusammenzufassen. Ein Buch, geschrieben für Nicht-Profis. Eine Inspirationsquelle für Ja-Sager. Eine Orientierungshilfe für jene, die es werden wollen. Ein Nachschlagewerk ohne Anspruch auf Vollständigkeit, angereichert durch aufschlussreiche Anekdoten. Ein Schlüsselloch, das Einblick gewährt in diese schillernde, wunderbare Wedding-Welt.

Alles Liebe
Eure Nadine

DAS BRAUTPAAR

PAARTYPOLOGIE — VON ANFÄNGERN UND WIEDERHOLUNGSTÄTERN

Für eine Hochzeit ist es durchaus nicht ohne Bedeutung, aus welcher Startposition ihr an die Sache herangeht. Hand aufs Herz, zu welchem Typ gehört ihr? Welche Konstellation bringt ihr mit? Ist es für euch eine Premiere – ich spreche da auch gern scherzhaft von »Probefahrt«. Oder, für einen von euch beziehungsweise beide, der zweite Versuch? Da gibt es durchaus Unterschiede. Deshalb möchte ich euch ein paar Konstellationen vorstellen und welche Probleme sich möglicherweise daraus ergeben können. So könnt ihr euch zumindest dafür sensibilisieren, in welche Situationen ihr ungewollt geraten könntet.

Anfänger

Bei diesen Paaren sitzen die elterlichen Influencer meist mit im Boot – und oft noch einige mehr. Warnung! Das kann zu Komplikationen führen. Etwa, wenn beide Schwiegermütter involviert sind, aber völlig unterschiedliche Vorstellungen haben. Oder sich auf den Tod nicht ausstehen können. Das birgt Potenzial für Katastrophen. Deshalb solltet ihr besser selbst das Heft in der Hand behalten. Wenn ihr zum Beispiel bereits im Vorfeld wisst, dass sich die Schwiegerväter nicht grün sind, achtet bei der Sitzordnung darauf, sie möglichst weit auseinanderzusetzen.

Als Hochzeitsplanerin mit Soulscanner-Blick erkenne ich solche Situationen in der Regel rechtzeitig, muss ich auch. Wenn ich die Dynamik nicht sofort begreife und entsprechend zu handeln weiß, kann schnell böses Blut entstehen. Etwa, wenn die Eltern eines Partners geschieden sind: Mutter und Vater haben seit 15 Jahren kein Wort mehr gewechselt, womöglich bringt er seine zweite Ehefrau mit. Dann treffen diese beiden Frauen zum ersten Mal bei so einer Feierlichkeit aufeinander. Wer sitzt nun wo am Top Table? Das Brautpaar schwitzt ordentlich bei der Aufstellung der Sitzordnung. Ich sage da immer: am besten die Frauen einfach demonstrativ nebeneinandersetzen. Man darf doch wohl erwarten, dass die beiden klarkommen und verstehen, dass es sich an dem Tag nicht um sie dreht, sondern um zwei andere Menschen.

Apropos zurücknehmen: Ich erinnere mich da an eine Brautmutter, eine extrem wohlhabende Frau von starker Persönlichkeit. Sie hatte einen bestimmten Betrag für die Hochzeit freigegeben, und das Brautpaar hielt sich eisern an den Budget-Rahmen. Geld war genügend vorhanden. Umso bewundernswerter fand ich, dass das Paar nicht nachverhandelte, sondern das Beste aus der (unrealistischen) Vorgabe machte.

Sie wollten auf jeden Fall damit auskommen und wählten die dem finanziellen Rahmen entsprechende Location, Dekoration, Speisen und Getränke.

Fünf produktive Monate später fuhren wir mit den Brauteltern, den Eltern des Bräutigams und dem Brautpaar zur Besichtigung der Hochzeits-Location, ein traumhaftes Schlosshotel. Doch die Mutter fand alles, was ihre Tochter sich ausgedacht hatte, von der Einladung bis hin zur Location, dekadent oder geschmacklos. Sie war schlicht entsetzt, und das Design (von der Decke hängende Gärten) kommentierte sie folgendermaßen: »Wie im Urwald, so etwas kommt auf gar keinen Fall infrage.« Es erübrigt sich zu sagen, dass ihr auch das Essen und die ausgesuchten Weine nicht gefielen. Der Crémant war ebenfalls nicht gut genug, es sollte Champagner in Strömen fließen. Aber wenn du Champagner willst, darfst du nicht mit einem Sekt-Etat antreten.

Die Braut war jedoch ein liebes Mädchen, das um die Anerkennung der Mutter rang. Also musste die gesamte Hochzeit komplett neu geplant werden. Am Ende hatte sie nicht mehr viel mit den Wünschen der Braut zu tun, sondern war zur Veranstaltung der Brautmutter geworden. Nun, wenigstens die war zufrieden.

Bedenkt also: Gerade bei der ersten Hochzeit sollten sich die Brautleute klarmachen, wie sie heiraten möchten, und sich nicht widerstandslos das Zepter aus der Hand nehmen lassen. Wenn andere die Feier bezahlen – in der Regel die Eltern oder Schwiegereltern –, ist es wichtig, offen miteinander zu sprechen und die Prioritäten zu klären. Oder gegebenenfalls auf die Finanzierung (und Fremdbestimmung) durch andere zu verzichten.

Wiederholungstäter

Diese Konstellation ist weitgehend unabhängig von den Vorstellungen, Befindlichkeiten und der finanziellen Unterstützung der Eltern. Das macht den Planungsprozess sehr viel einfacher: Je weniger Entscheider am Tisch sitzen, desto unkomplizierter. Grundsätzlich macht diese Paare aus, dass sie älter sind und oft eine gescheiterte Ehe hinter sich haben. Sie haben bereits einiges gelernt über sich und das Leben. Sie wissen genauer, was sie wollen – und vor allem, was sie nicht mehr wollen. Der Fokus liegt bei der Planung stärker auf den eigenen Wünschen und weniger auf dem, was andere denken oder erwarten könnten.

So wie bei dem Unternehmer aus Stuttgart, der seine langjährige Lebensgefährtin heiratete, mit der er bereits vier gemeinsame Kinder hatte. Für beide war es die zweite Ehe, beide brachten erwachsene Kinder mit. Allein der engste Familienkreis ergab also ein gigantisches Gruppenbild. Das Paar mietete für ein Wochenende ein weitläufiges Luxusresort an der Ostsee, die komplette Anlage ganz für sich, mit Zugang zum Meer. Unter den 150 Gästen waren 50(!) Kinder, es war ein absoluter Traum: ein Partywochenende, das im Zeichen von Familie und Liebe stand. Ich muss nicht erwähnen, dass wir uns ganz besonders mit dem Thema Betreuung und dem Kindertisch beschäftigt haben. Der zehnjährige Sohn des Brautpaars war total verliebt in die Vision der Tischdekoration, die ich mir ausgedacht hatte – so sehr, dass er monatelang über nichts anderes sprach. Ich stand also gehörig unter Druck, denn ich hätte es nicht übers Herz gebracht, ihn zu enttäuschen. Die kleinen Töchter der Familie spielten bereits seit

Monaten Hochzeit. Und überhaupt gab es nur ein Thema: Mama und Papa heiraten. Ich fand es so was von herzerwärmend, wie sehr die Kinder die Vorbereitungszeit auf das Liebesfest der Eltern genossen. Als Hochzeitsplaner kann man sich natürlich sowieso nichts Besseres vorstellen, als die Liebe so richtig zu feiern – beim ersten Mal, beim zweiten Mal, jedes Mal.

Dabei muss es, wie man sieht, gar nicht unbedingt ein Fest im großen Rahmen oder gar ein gesellschaftliches Ereignis sein. In dem Zusammenhang erinnere ich mich noch an ein weiteres Paar, das seine zweite Ehe im kleinen Kreis feierte: er ein Notar um die Sechzig aus Berlin, sie eine lebenslustige Unternehmerin um die Fünfzig aus Potsdam, beide mit erwachsenen Kindern aus erster Ehe. Sie hatten rund dreißig Hochzeitsgäste nach Capri eingeladen, und – oh Boy – sie ließen es richtig krachen. Am besten gefallen hat mir die Brautmutter. Sie war deutlich über achtzig Jahre alt, aber so unfassbar gut drauf! Sie fand einfach alles toll: die Bootsfahrt, das Kleid ihrer Tochter, das Essen, die Musik, das Hotel, die Gäste. Sie feierte bis morgens um sechs und war die halbe Nacht auf der Tanzfläche. So durch und durch positiv und lebensbejahend – welch ein Privileg, so zu altern. Sie ist für immer in meinem Herzen.

Berufstätige Tochter

Eine Herausforderung für Eltern und Schwiegereltern ist die Braut, die beruflich längst ihren eigenen Weg geht und Karriere macht. Auch wenn daran nichts ungewöhnlich ist, kann das unter Umständen zu Befindlichkeiten führen. Zum Beispiel dann, wenn der Brautvater oder die Brauteltern es sich nicht nehmen lassen, die Hochzeit mit ihrem Geld auszustatten. Verständlich, denn nach wie vor spielt in unserem Kulturkreis Tradition eine große Rolle. Nehmen wir an, der Brautvater sagt: »Du bist unsere einzige Tochter, die wir unendlich lieben. Such dir aus, was du willst, mach, was du willst – aber lass uns die Freude, es zu bezahlen.« Manche Frauen, gerade sehr emanzipierte, geraten dann in einen inneren Konflikt. Vielleicht wollt ihr nicht, dass eure Eltern sich in solche Unkosten stürzen. Und wenn sie es tun, habt ihr ein ungutes Gefühl und fragt euch: »Was denken die Leute jetzt von mir?« Diese Scheu haben Bräute gerade in Deutschland oft. Könnte durchaus sein, dass sich der zukünftige Ehemann damit ebenfalls nicht wohlfühlt, so als traue man ihm nicht zu, dass er für seine Frau sorgen kann. Darüber sollte man zuvor sprechen.

Ich erinnere mich an eine sehr beschäftigte, voll berufstätige Frau, die auf keinen Fall wollte, dass bei der Hochzeit alles zu glatt und perfekt aussah. Die Zeremonie, die Feier, die Musik, die Deko – alles sollte ein bisschen »menscheln«, auf keinen Fall zu gewollt wirken. Zugleich hatte sie sich Szenarien ausgesucht, ohne aufs Preisschild zu achten, sodass sie am Ende doch noch kalte Füße bekam. Zwar wollte der Brautvater sämtliche Kosten übernehmen. Allerdings kam er damit ihrer Vorstellung von Emanzipation ins Gehege – und auch der Bräutigam fühlte sich unwohl dabei. Klar, konsequenterweise hätten beide zwölf Monate zuvor sagen müssen: »Papa, mach nicht so ein großes Ding daraus!« Hatten sie aber nicht. Und hätten nun, kurz vor

Schluss, alles gerne heruntergedimmt, inklusive meiner Person, die bereits als Planerin engagiert war und die Verantwortung für den reibungslosen Ablauf trug.

Wie ich da reagierte? Erst mal Ruhe bewahren und Verständnis haben. Dann erklärte ich der Braut die Situation: »Stell dir vor, du hast ein Orchester engagiert, 120 Leute. Alles Virtuosen, alles Spezialisten. Und jetzt sollen die spielen. Doch bevor sie anfangen, schickst du den Dirigenten nach Hause. Glaubst du, das Orchester funktioniert und spielt auch nur annähernd so gut ohne seine Leitung?« Dieses Argument verstand meine Klientin sofort.

Und was lernen wir daraus? Wenn ihr nicht wollt, dass jemand anderes eure Feier bezahlt, oder wenn ihr fürchtet, dass andere bestimmen, was gespielt wird: Besprecht das Problem rechtzeitig! In jedem Fall ist es besser, auf das Geld zu verzichten, als sich in eure Feier hineinreden zu lassen. Im Übrigen finde ich es interessant zu beobachten, dass eigentlich nur westeuropäische, »moderne« Märchenprinzessinnen solche Bedenken haben. Wer international arbeitet, erlebt immer wieder, dass Bräute aus Nahost oder Russland solche Befindlichkeiten überhaupt nicht kennen.

Tochter aus gutem Hause

Die Herausforderung, eine Hochzeit nach eigenen Vorstellungen zu gestalten, ist übrigens nicht unbedingt geringer für eine »Tochter aus gutem Hause«, die kein eigenes Geld verdient. In diesem Zusammenhang erinnere ich mich noch sehr genau an eine bestimmte Hochzeit. Die Gäste trudelten ein, herausgeputzt und in großer Vorfreude auf den wunderschönen Abend. Mein Team und ich waren seit sechs Uhr morgens auf den Beinen. Mit Hilfe aller Dienstleister hatten wir den Ballsaal in einen Märchentraum verwandelt, alles war wie am Schnürchen gelaufen. Jeder konnte zufrieden sein, mehr noch: glücklich, und alle waren es auch. Bis die Braut ihren Bräutigam zu mir schickte, der sich höflich bedankte und mir im Namen seiner Frau mitteilte, meine Assistenten und ich könnten nun gehen. Wie sich herausstellte, hatten sich offenbar einige der Gäste gefragt, wer denn die Frau in der Abendrobe mit dem Headset sei. Einen Moment lang war ich wie von den Socken. Jetzt die Veranstaltung zu verlassen, wäre allein von den Abläufen her unmöglich gewesen. Wir hatten schließlich zwölf Monate geplant und hatten hinter den Kulissen zweihundert Crew-Mitglieder zu koordinieren. Und der Abend ging gerade erst los.

Dieser Anfall von »Kauf-Reue« in einem solchen Moment ist einerseits absurd, kommt aber in unserem deutschen Kulturkreis nicht selten vor. Dennoch musste es einen ganz bestimmten Grund für diesen plötzlichen Sinneswandel geben. Wo also war der Elefant im Raum? In diesem Fall saß er der Braut direkt auf dem Schoß: Es war offensichtlich, dass sie sich plötzlich dafür schämte, eine Hochzeitsplanerin beauftragt, anstatt diese gigantische Feier aus eigener Kraft und mit eigener Fantasie organisiert zu haben. Es erschien mir durchaus nachvollziehbar, dass sie, eine junge Frau aus reichem Elternhaus, die nicht berufstätig war, es vorzog, wenn alle dachten, sie ganz allein habe ihr Hochzeitsfest so perfekt auf die Beine gestellt – wenn ihr Vater schon alles bezahlte.

Wie auch immer, so war es nun. Also die Hörner runternehmen und die Braut direkt darauf ansprechen, die mir daraufhin erklärte, den Rest könnten doch die Trauzeugen übernehmen. Doch wie sollte ich innerhalb von fünf Minuten zwei völlig Fremden erklären, was wir in zwölf Monaten zusammengestrickt hatten!? Puh, da darf man nicht eitel sein. Also machte ich ihr kurzerhand einen Vorschlag: »Lass uns doch einfach sagen, ich sei vom Catering!« Schließlich würde niemand erwarten, dass die Braut auch noch das Menü eigenhändig gezaubert hätte. Eine ideale Lösung, die sie glücklich und dankbar stimmte. So konnten wir weiterhin für den reibungslosen Ablauf des Festes sorgen. Die Braut musste niemandem erklären, dass sie einen Profi beauftragt hatte. Und alle waren zufrieden.

Wie ich im Nachhinein erfuhr, hatte die junge Frau bereits für ihre atemberaubend schöne Wohnungseinrichtung einen der angesagtesten Innenarchitekten Hamburgs engagiert. Sie erhielt immer wieder viel Lob und Anerkennung für ihren exquisiten Geschmack, wenn sie Besuch bekam. Dennoch – oder gerade deshalb – erschien es ihr undenkbar, einer Menschenseele die Wahrheit zu erzählen: dass sie dafür einen Experten bezahlt hatte. Nun geht es mir als Planerin überhaupt nicht darum, eine sichtbare Rolle zu spielen, im Gegenteil. Aber macht euch besser im Vorfeld Gedanken, wie ihr damit umgeht, wenn ihr für die Organisation eures Hochzeitsfestes professionelle Unterstützung in Anspruch nehmt.

Die Ungleichen

Was ebenfalls Konfliktstoff birgt: wenn eine Braut über Vermögen verfügt, ihr Bräutigam hingegen nicht. Genau wie die umgekehrte Situation – das ist nicht ohne. Bitte beherzigt deshalb, was ich im nächsten Kapitel zum Thema Ehevertrag erzähle.

Überhaupt können die Rollen des klassischen Geschlechterbildes – und deren Umkehrung – eine Herausforderung darstellen, etwa wenn sie eine »Rampensau« ist, er aber eher eine »Couchpotato«. Für eure Hochzeit kann das bedeuten, dass ihr euch in Ruhe überlegt und besprecht, wer was besonders gut kann und gerne macht. Werdet euch über eure jeweiligen Stärken klar und setzt diese durch kluges Rollenmanagement bei der Hochzeitsplanung ein. Sie ist extrovertiert, er eher still? Dann sollte sie die Kommunikation mit Dienstleistern und Gästen übernehmen. Er kann seine Kompetenz dafür in anderen Bereichen einsetzen, etwa, indem er die Listen erstellt und Kosten kontrolliert oder diverse Erledigungen und operative Aufgaben übernimmt.

Selbst ist die Braut

Ein Kuriosum möchte ich hier unbedingt noch anhängen: *Sich selbst heiraten!* Ja, ihr habt richtig gelesen. Der Trend ist aus den USA zu uns herübergeschwappt und wird mittlerweile auch in Europa praktiziert. Vor allem Frauen machen das, immerhin leben wir in einer Zeit, in der sich auch immer mehr Frauen vorstellen können, Mutter zu werden, ohne einen Vater für das Kind zu haben. Sie wollen schlichtweg nicht mehr darauf warten, bis der Prinz auf dem Schimmel angeritten kommt. Also versprechen sie sich – gemäß dem Konzept der Sologamie –, sich zu lieben, zu ehren und treu zu bleiben. Eigentlich ein grandioser Ansatz, oder? Auch wenn man auf diese Weise leider nicht in die günstigere Steuerklasse kommt, denn diese Ehe wird staatlich nicht anerkannt.

Das Ritual jedoch ist das gleiche: Ihr könnt Gäste einladen, eine Hochzeitstorte bestellen und euch herzergreifende Reden wünschen. Der Brautvater kann seine Tochter zum Traualtar führen – mit dem Unterschied, dass die Braut sich den Ring selbst ansteckt und die Zeremonie von der Kirche nicht anerkannt wird. Natürlich geht am Abend auch hier eine Riesenparty los. Und nein, die feiert die Solo-Braut nicht mit sich alleine.

EHEVERTRAG —
FÜRCHTET EUCH NICHT

Ich weiß, ein heikles, sehr heikles Thema. Die meisten von uns werden befangen, wenn es um so etwas geht. Unsere Liebe auch von der rechtlichen Seite zu betrachten, kommt uns wie eine Lästerung vor. Manche empfinden allein die Tatsache, eine entsprechende Beratung in Erwägung zu ziehen, schlichtweg als emotionalen Killer. In solchen Momenten habe ich schon erlebt, dass der Satz fiel: »Du willst ja in Wahrheit gar nicht heiraten, dein Geld ist dir viel wichtiger als ich!«

Als unmittelbare Reaktion ist das verständlich. Doch stellt euch einmal die Folgen vor, wenn ihr euch die rechtliche Seite nicht überlegt habt und irgendwann wirklich etwas schiefgeht. Natürlich, niemand glaubt oder will glauben, dass so etwas geschieht. Doch die Erfahrung sagt uns leider etwas anderes. Also nehmt es mir bitte nicht übel, wenn ich auf diesen Punkt auch dann zu sprechen komme, wenn ihr gerade auf Wolke sieben schwebt. Macht euch stattdessen bewusst, dass das Wort Ehe vom mittelhochdeutschen *ewe* beziehungsweise *ewa* abstammt, was in der ursprünglichen Bedeutung für Gesetz steht. Der Begriff Ehe beschreibt somit das rechtlich wirksame Verhältnis zwischen zwei Menschen und deren Pflicht, in Zukunft füreinander einzustehen – auch ökonomisch.

Mit dem Eheversprechen geht also auch Verantwortung füreinander einher, und zwar wechselseitig. Dazu gehört erst einmal vor allem, dass ihr euch informiert. Im Grunde ist es sogar nachlässig, keinen Ehevertrag zu schließen, denn er zeigt, dass ihr ehrlich miteinander umgeht und für den schlimmsten Fall vorsorgt. Um es auf den Punkt zu bringen: Wer sich nicht traut, vorab über so etwas Grundsätzliches zu sprechen, kann sich auch gleich die Gästeliste sparen.

Deshalb nehmt bitte erst einmal die Emotionen heraus und sucht euch für Zweifelsfragen einen Mediator oder eine Mediatorin, auf die ihr zugreifen könnt, falls es Klärungsbedarf gibt. Im besten Fall genügt dann ein Notar, um die vertraglichen Dinge aufzusetzen. Ich hatte schon mal den Fall, dass ein Hochzeitspaar plötzlich auf die Bremse trat, weil ein knallharter Ehevertrag zwischen ihnen stand. In diesem Fall war eine dritte Person mit im Spiel: Plötzlich kamen zum Beispiel vonseiten der Familie Interessen auf, die eigentlich Firmeninteressen waren – womit beide nicht gerechnet hatten. Da ist manchmal guter Rat teuer. Zum Glück gab es hier, nach nur wenigen Sitzungen mit dem Mediator, eine für alle zufriedenstellende Klärung. Das Paar ist heute noch sehr glücklich verheiratet.

Geht es also gemeinsam an, Hand in Hand. Nehmt euch die Zeit. Unterschätzt die Bedeutung nicht. Glaubt mir: Eure Liebe hält es aus, dass ihr voreinander die Hosen herunterlasst – also in wirtschaftlicher Hinsicht. Mit den anderen habt ihr ja vermutlich ohnehin kein Problem …

Wichtige Fragen, die ihr klären solltet, sind unter anderem, wie ihr die Zeiten regelt, wenn ihr Kinder haben wollt und dann das erste auf der Welt ist. Will auch er Elternzeit nehmen oder überlässt er alles ihr? Wie geht es anschließend weiter? Was ist mit dem Wiedereinstieg in ihren Job? Entscheidet man danach, wer die bessere berufliche Position hat? Möchte die Frau ebenfalls Karriere machen, vielleicht ihren Doktor? Über all diese Aspekte solltet ihr sprechen und die Vereinbarungen schriftlich fixieren.

Darüber hinaus ist es nicht selbstverständlich, dass Vermögen gleich verteilt bleibt; das Verhältnis kann sich während der

Ehe sogar drehen. Stellt euch vor, er kommt reich in die Ehe, gibt aber sein Vermögen nach und nach aus, hat vielleicht keine feste Anstellung, und plötzlich ist kaum noch was da. Sie hingegen hat einen leidenschaftlich ausgeübten Beruf, macht Karriere, erwirtschaftet mehr und mehr Vermögen. Keine Seltenheit, seit die Frauen sich ihre Stellung erkämpft haben. Vergesst dabei nicht, dass Großzügigkeit sexy ist – auch und gerade für den Fall, dass es mal nicht so läuft, wie ihr es euch vorgestellt habt. Deshalb an dieser Stelle ein wirklich gut gemeinter Tipp: Investiert zwei oder drei Stunden in einen guten Mediator und habt anschließend viele Jahre Freude an eurer Ehe. Und egal, was später passiert: Eheverträge erhöhen die Chance auf eine tiefe Freundschaft.

Abgesehen von Versorgungs- und Aufteilungsfragen gibt es aber auch noch andere rechtliche Aspekte zu beachten. Zum Beispiel, wenn ihr unterschiedliche Nationalitäten habt. Dann muss man erst einmal klären, auf welcher rechtlichen Grundlage eure Eheschließung basiert. Mittlerweile gilt nicht mehr automatisch das Recht des Ortes, an dem ihr heiratet. Seit Februar 2019 kommt es auch darauf an, wo ihr leben werdet, unabhängig von eurer jeweiligen Nationalität. Außerdem denkt bitte daran, dass im Falle einer Trennung in manchen Ländern noch das Schuldprinzip gilt, etwa in Spanien.

Tatsächlich ist ein durchdachter und wertschätzender Ehevertrag also keineswegs ein Zeichen von mangelnder Zuneigung, im Gegenteil: Vielmehr erhöht er die Chance auf eine lange, glückliche Ehe immens. Das nimmt dem Umstand natürlich nichts, dass es sich bei diesem Thema vordergründig erst einmal um eine emotionale Hürde handelt. Doch wenn ihr euch zutiefst liebt – und das soll euer großes Fest ja ausdrücken –, werdet ihr sie mit Souveränität meistern, da bin ich mir vollkommen sicher.

HOCHZEITSTANZ –
FRÜH ÜBT SICH

Im Schnitt dauert der Eröffnungstanz des Brautpaars zwei Minuten. Zugegeben, umgerechnet auf das gesamte Hochzeitswochenende (geschweige denn die gesamte Planungszeit) nimmt so eine Zeitspanne einen verschwindend geringen Teil ein. Nur so kann ich mir erklären, dass dieses Thema viel zu wenig Beachtung bekommt. Irrtum: Diese zwei Minuten sind ein sehr wichtiger emotionaler Programmpunkt. In diesen 120 Sekunden steht ihr im Zentrum der Aufmerksamkeit. Die Augen sämtlicher Gäste liegen auf euch. Ihr steht da zu zweit, das Parkett gehört euch. Die Live-Band spielt auf, ihr eröffnet den Tanz – ganz großes Hollywoodkino.

Die Frage ist nur: Seid ihr bereit für einen Wiener Walzer oder eine Rumba? Wenn ihr jetzt nicht guten Gewissens mit einem klaren Ja antworten könnt, empfehle ich euch unbedingt einen Tanzlehrer, am besten jemanden, der auf Hochzeiten spezialisiert ist. Immerhin sind an dem Abend nicht nur eure Füße im Spiel, sondern womöglich auch ein langes Kleid, das den Abend wohlbehalten überstehen soll, ohne dass jemand oder ihr selbst euch auf den Saum steigt und euch zu Fall bringt. Stellt euch nur mal vor, die ersten Takte erklingen und ihr habt vor lauter Aufregung vergessen … äh, wie war das jetzt noch mal? Autsch, der untere war meiner! No-Go. Wart ihr euch bis vor einer Sekunde noch einig »Ach, das kriegen wir schon hin«, werdet ihr in der nächsten über die Tanzfläche stockeln und euch wünschen, ihr hättet auf mich gehört. Statt Begeisterungsstürme und Applaus: Fremdschäm-Anfall und betretenes Weggucken.

Die meisten sind eben nicht parkettsicher. Und werden es auch nicht innerhalb einer Tanzstunde. Damit die Nummer auch dann mühelos und elegant rüberkommt, wenn ihr nicht gerade Mitglieder im Deutschen Tanzsportverband seid, braucht es monatelange Übung. Natürlich ist es von Paar zu Paar unterschiedlich, wie viel Zeit ihr benötigt. Paaren, die schon Tanzerfahrung haben, aber lange nichts gemacht haben und nur ein kleines »Freshup« brauchen, genügen womöglich acht bis zehn Tanzstunden. Anfängern lege ich ans Herz, ein halbes Jahr zuvor einen regelmäßigen Kurs zu besuchen.

Tatsächlich haben die Frauen hier häufig schon mehr Erfahrungen gesammelt, während Männer sich zuweilen derart zieren, als ginge es um einen gemeinsamen Besuch beim Proktologen. Ich kann euch nur empfehlen: Nehmt euch beide die Zeit, um euch auf diesen schönen Moment der Hochzeit vorzubereiten.

Dabei lernt ihr nicht nur den Eröffnungstanz, sondern zusätzlich beispielsweise den Discofox, damit ihr auch im Verlauf des Abends Spaß auf der Tanzfläche habt. Er ist besonders leicht zu erlernen, und man kann sich mit dem Grundschritt durch die unterschiedlichsten Figuren tanzen.

Eine große Frage ist sicherlich, für welchen Eröffnungstanz ihr euch entscheidet. Ganz klassisch ist natürlich der Wiener Walzer, der tatsächlich der schwierigste Tanz ist und somit viel Vorbereitung braucht. Ansonsten empfehle ich den langsamen Walzer, er ist mit dem Wiener Walzer verwandt, hat den gleichen Takt und schöne schwingende Elemente. Er ist außerdem etwas leichter zu erlernen. Sehr schön ist auch eine Rumba, sie ist der Tanz der Liebe und hat somit von Natur aus etwas Romantisches.

Hier meine Top-5-Eröffnungstänze:

Wiener Walzer
»What The World Needs Now« von Dionne Warwick
»If I Ain't Got You« von Alicia Keys

Langsamer Walzer
»Come Away With Me« von Norah Jones
»Fascination« von Nat King Cole

Rumba
»Change The World« von Eric Clapton

Klasse finde ich auch immer, wenn ein Paar eine eigene Choreografie für den Eröffnungstanz einstudiert. Das lohnt sich am Ende auf jeden Fall: große Begeisterung auf allen Seiten. Verzichtet dabei allerdings besser auf spektakuläre Hebefiguren, sondern schaut erst einmal, dass ihr euch sicher auf dem Parkett bewegen könnt. Im Mittelpunkt steht dabei immer, dass ihr euch wohlfühlt und Spaß habt. Denn das wird man euch ansehen.

In dem Zusammenhang noch ein paar Worte zum Thema Schuhe: Beachtet bitte, dass ihr darin nicht nur laufen, sondern tanzen müsst. Damit ihr euch keine Blasen und schmerzenden Füße holt, solltet ihr zuvor möglichst oft in euren Hochzeitsschuhen üben. Für den Notfall steckt euch ein paar Blasenpflaster ein – und ein Paar Ersatzschuhe, dann könnt ihr hin und her wechseln. Achtet darauf, dass eure Schuhe eine Glattledersohle haben, die eignet sich am besten. Einige Geschäfte haben sich auf Tanzschuhe spezialisiert, es gibt sogar besondere Smoking-Tanzschuhe.

AUSSTATTUNG —
KLEIDER MACHEN BRÄUTE

DIE BRAUT

Brautkleid

Wenn ihr mit der Wahl eures Brautkleides beginnt, verschafft euch zunächst einen Überblick, zum Beispiel bei Pinterest und Instagram und in den einschlägigen Magazinen. Macht euch Notizen und Fotos, welche Label euch besonders gefallen.

Es ist ratsam, dass ihr das Thema Brautkleid mindestens acht, besser neun bis zwölf Monate vor dem Stichtag angeht. Die Entscheidung wird einige Zeit in Anspruch nehmen. Ich begleite meine Kundinnen so oft wie möglich zum Brautkleid-Shoppen und genieße die tolle Atmosphäre. Meist sind noch enge Freundinnen, die Mama oder die Schwester dabei. Das sind dann immer sehr innige Momente, die uns einander näherbringen und – getreu dem Motto »Bonding is the Key« – die weitere gemeinsame Planung noch schöner machen.

Haute Couture

Überaus inspirierend ist ein Besuch auf einer Bridal Fashion Week. Die Szene wird mittlerweile von Designern aus Israel und dem Libanon bestimmt. Auch wenn die Schauen in Paris und New York nach wie vor als bedeutendste Veranstaltungen gelten, hat sich Barcelona in dieser Hinsicht mittlerweile zu einem echten Highlight gemausert. Auf dieser Bridal Fashion Week ist eine ausgesprochen spannende Entwicklung für den europäischen Markt zu beobachten.

Wenn ihr wirklich etwas investieren wollt, könnt ihr natürlich auch direkt zu Elie Saab oder Dior nach Paris reisen. Da bekommt ihr Brautmode in Haute Couture, die bei 95.000 Euro überhaupt erst losgeht – ohne Limit nach oben. Die offizielle Adresse des Pariser Ateliers von Dior zu kennen, genügt allerdings nicht. Der Zutritt erfolgt ausschließlich nach Vereinbarung eines privaten Termins. Ein professionelles Unternehmen wie *Fine Weddings & Parties* mit einer guten Reputation ist da immer ein wirkungsvoller Türöffner. Wir kennen die Ansprechpartner, haben Kontakte und Telefonnummern, bekommen schneller einen Termin als andere. Dieser läuft allerdings anders ab als in einem Laden. Was ihr zunächst für ein exklusives Haute-Couture-Brautkleid geboten bekommt, sind eigens nach euren Maßen angefertigte Zeichnungen sowie unterschiedliche Schnittmuster und Stoffmuster. Der Vorteil ist, dass ihr die Materialien in Absprache mit dem Schneider selbst bestimmen könnt.

Welcher Schnitt für welche Figur?

Sicher hat jede Braut ihre eigene Vorstellung davon, wie ihr Traumkleid aussehen könnte. Doch nicht jeder Schnitt eignet sich für jede Figur, und die Auswahl ist gigantisch. Macht euch auch klar, wie ihr rüberkommen wollt: verspielt, cool, lässig, elegant oder sinnlich? Am Ende kommt es darauf an, dass ihr euch am entscheidenden Tag wohlfühlt, euch frei bewegen und euren Auftritt in vollen Zügen genießen könnt.

Als Erstes sollte sich jede Braut überlegen, was sie besonders gerne an sich mag, und das auf jeden Fall betonen. Üppige Frauen haben oft ein umwerfendes Dekolleté, Frauen mit gerader Silhouette tolle Beine und Sanduhr-Figuren eine super Taille. Wer wenig Oberweite hat, kann dafür prima tiefe Rückendekolletés tragen. Statt die Hälfte von euch zu verstecken, setzt lieber eure Schokoladenseite in Szene, das ist immer noch die schönste Ablenkung von vermeintlichen Problemzönchen. Denn auch wenn euer Brautkleid von der Schneiderei natürlich zusätzlich optimiert wird – in jedem Fall ist es erfolgversprechender, die eigene Figur durch das perfekte Kleid zur Geltung zu bringen, als zu erwarten, dass das Kleid einem den Gefallen tut und sich an die Figur anpasst.

Zur Orientierung habe ich ein paar Empfehlungen für euch:

Seid ihr von schmaler Statur, stehen euch einteilige Roben – durchaus auch lange, enge Kleider. Sehr junge Frauen können vor allem elfenhafte Modelle gut tragen. Für kleinere Frauen kann eine erhöhte Taille, ein asymmetrischer Saum oder eine ⅞-Länge von Vorteil sein.

Habt ihr die klassische Marilyn-Monroe-Silhouette, stehen euch enganliegende Kleider besonders gut, die gerne auch unterhalb der Kniehöhe ausgestellt sein können – Mermaid-Schnitte liegen derzeit voll im Trend. Wichtig ist hier die Taillierung, um eine Sanduhr-Silhouette zu erzeugen.

Etwas üppiger ausgestattete Frauen – meine Mutter spricht immer von »vollschlank« – dürfen gerne ihr Dekolleté betonen. Optimalerweise ist die Taillennaht unter der Brust angesetzt und geht fließend in den Rock über. Molligen Frauen rate ich zu einem Zweiteiler oder Roben in A-Form, die unterbrochen werden durch eine dezente Bordüre unter der Brust. Verzichtet bitte auf Rüschen und Puffärmel, sie erinnern an ein Sahnebaiser. Wenn ihr eure Formen betonen wollt, wählt ein Kleid im Meerjungfrauen-Schnitt. Falls ihr schlanker aussehen wollt, empfehle ich diagonal angesetzte Raffungen oder Bordüren – und statt eines weißen Hochzeitskleides ein creme- oder champagnerfarbenes.

Habt ihr sehr breite Schultern oder eine besonders große Oberweite, entscheidet euch am besten für sehr weite Kleider. Ähnliches gilt für schmale Schultern mit ausladend weiblichen Hüften. Auch hier betont ruhig das Dekolleté – der Rock darf weit ausgestellt sein.

Ein wahrer Alleskönner sind Kleider in A-Linien-Form. Sie eignen sich für fast jede Figur und wirken – je nachdem, ob sie aus fließendem oder eher steifem Material geschneidert sind – immer wieder anders. Überhaupt lassen verschiedene Stoffe und deren Beschaffenheit sowie Stickereien, Raffungen oder Muster ein und dasselbe Modell ganz unterschiedlich wirken.

Für was auch immer ihr euch nun entscheidet, denkt daran, dass bodenlanger Saum und Schleppe zwar wundervoll aussehen, dass man damit aber laufen und tanzen, andere umarmen und auf die Toilette gehen können muss. In Kombination mit sehr hohen Schuhen kann es durchaus kompliziert werden. Ihr wollt euch doch nicht selbst dauernd auf den Saum treten, oder? Wenn ihr in einer aufwendigen Robe tanzen wollt, solltet ihr das unbedingt üben, am besten mit einem privaten Tanzlehrer. Er wird auch wissen, welcher Brauttanz für euer Kleid am besten geeignet ist. Wenn er etwas von seinem Job versteht, werden alle Gäste denken, dass ihr dabei schwebt. Bis ihr selbst zu schweben glaubt, selbst wenn ihr womöglich über eure schmerzenden Füße flucht.

Solltet ihr euch für eine Schleppe entscheiden, ist es sinnvoll, sie so fertigen zu lassen, dass ihr sie nicht nur abknöpfen, sondern in Höhe der Taille mit einem kleinen Knöpfchen hochstecken könnt, so als würdet ihr sie hochhalten – nur dass ihr eure Hände dabei zum Tanzen frei habt. Ein Vorgang, den ihr ebenfalls zuvor üben solltet. Es ist einfach blöd, wenn ihr kurz vor dem ersten Brautpaartanz nach einer winzigen Schlaufe oder Öse sucht und sie einfach nicht finden könnt.

Der Stoff, aus dem die Träume sind:

Gerade für maßgeschneiderte Kleider gilt: Wie das Modell ausfällt und wirkt, hängt neben dem Schnitt immer auch maßgeblich vom Stoff ab. Eine kleine Aufzählung zu den beliebtesten, angesagtesten Materialien und deren Eigenschaften:

♡ Spitze – ihre durchbrochene Textur erschafft eine angedeutete Transparenz, die nicht nur luxuriös und märchenhaft rüberkommt, sondern die Zartheit der Braut unterstreicht.

♡ Tüll – bekannt vor allem durch seine Verwendung bei Tutus: Das netzartige Material zeichnet sich aus durch eine durchsichtige und zugleich stabile Struktur. In Schichten übereinandergelegt, drapiert oder gerafft, kommt es als Schleier oder Unterrock zum Einsatz – unschlagbar romantisch.

♡ Chiffon – im Vergleich zu Tüll ist dieser Stoff fließend weich und wird besonders gerne als obere Lage verwendet, etwa bei Kleidern im griechischen Stil oder Empire-Look. Vermittelt eine elfenhafte Leichtigkeit und wirkt dabei auf luftige Weise sehr feierlich.

♡ Seide – wirkt durch ihre glänzende Struktur stets festlich und passt daher immer. Im Gegensatz zu Satin zeichnet sich das Gewebe nicht ausschließlich durch fließende Stofflichkeit aus, sondern kann auch so steif verarbeitet werden, dass es formaler wirkt.

♡ Silk-Touch – »falsche« Seide ist heute so verarbeitet, dass sie sich kaum mehr von echter unterscheiden lässt. Vorteile: die leichte Pflegbarkeit.

♡ Taft – ein geschmeidiger Stoff mit leichtem Schimmer, der viel Volumen bringt und dennoch federleicht ist.

♡ Stretch-Stoffe – bei Hochzeitskleidern insofern eine gute Wahl, dass sie sich dem Körper anpassen und zugleich ausreichend Bewegungsfreiheit lassen.

Brautschuhe

Kleiner Hinweis zum Thema Brautschuhe: Idealerweise bringt ihr sie bereits zur Anprobe des Brautkleides mit, da der Saum ja in der Länge danach abgesteckt wird. Wenn ihr unbedingt Killerabsätze tragen wollt, sollte die Kleiderlänge entsprechend angepasst werden. Ansonsten habe ich zu den perfekten Brautschuhen nur einen Tipp: möglichst flach. Man sieht unter dem Kleid ohnehin nichts vom Schuh. Wenn die Braut das partout nicht möchte, möge sie ihre High Heels oder Riemchenschuhe vorab ausreichend einlaufen. Aber dann deponiert zumindest ein paar flache Schuhe in der Handtasche eurer Trauzeugin – ihr werdet sie eher in Anspruch nehmen, als ihr denkt.

Brautschleier und Kopfschmuck

Die Geschichte des Brautschleiers ist uralt, er wurde bereits in Mesopotamien im frühen dritten Jahrtausend v. Chr. getragen. Seine Entstehung geht angeblich auf Inanna zurück, eine sumerische Göttin der Liebe und der Fruchtbarkeit, die den Beinamen »Verschleierte«, »Verhüllte« trug. Im antiken Rom war der Brautschleier übrigens nicht weiß, diese Farbe war dem Mann vorbehalten und diente als Sinnbild für seine Würde und Freiheit. Der Schleier der Braut hatte die intensive Farbe von Safran und stand für das Herdfeuer, das die Frau fortan hüten würde, als Symbol für den Zusammenhalt der Familie.

Im übertragenen Sinn steht der Schleier aber auch für das weibliche Haar. Im frühen Mittelalter trugen Frauen es offen, als Zeichen ihrer Unberührtheit. Das Christentum wollte das Haar jedoch verdeckt sehen. Ähnlich wie heute im Islam schrieb man ihm eine unwiderstehliche Verführungskraft zu, die durch den Schleier gebändigt werden sollte. Erst vor dem Altar durfte der Bräutigam seine Braut enthüllen und ihre weibliche Sinnlichkeit betrachten, in deren Genuss er nun kam.

Als moderne Braut habt ihr die Wahl zwischen verschiedenen klassischen Modellen. Die meisten Schleier sind mit edelster Spitze verziert, mit Applikationen aus glänzenden Perlen, funkelnden Kristallen oder Pailletten versehen. Gängig sind breite wie schmale Borten aus Satin, Spitze oder glitzerndem Garn. Andere sind betont schlicht gestaltet. Entscheidend ist, dass sie sowohl mit eurer Gesichtsform harmonieren als auch in Länge und Form zum Brautkleid passen.

Macht euch keine Gedanken, dass sich ein langer, voluminöser Schleier auf dem Weg zur Kirche irgendwo verfangen könnte, er wird erst unmittelbar vor der Trauung angelegt. Die Stylistin bringt ihn mit und steckt ihn euch so ins Haar, wie ihr es beim Probestyling Monate zuvor geübt habt. Sie oder eine Brautjungfer begleitet euch dann bis zum Mittelgang und anschließend wieder hinaus. Für den Empfang, noch bevor ihr euch ins Auto setzt, nehmt ihr den Schleier wieder ab. Er wird nur zur Trauung getragen.

Hier eine kleine Übersicht zu den wichtigsten klassischen Modellen:

Blusher

Dieser kurze Schleier bedeckt das Gesicht nur knapp. Oft wird der Blusher nur zur kirchlichen Trauung angesteckt, damit der Bräutigam ihn beim Hochzeitskuss symbolisch lüften kann. Zur anschließenden Feier wird er in der Regel abgelegt. Ein Blusher passt vor allem zu schmalen (Etui-)Kleidern.

Mittellanger Schleier

Die Modelle reichen bis zum Ellbogen oder bis zu den Fingerspitzen. Sie haben den Vorteil, dass sie quasi zu jedem Kleid passen.

Langer Schleier

Dieses Modell reicht nahezu bis an die Waden, selten ist er kürzer. Seine besondere Schönheit entfaltet er zu schlichten Kleidern. Entscheidet ihr euch für ein Brautkleid mit Schleppe, ist diese Form nicht nur aus praktischen Gründen unangebracht, sondern auch aus ästhetischen: Die Verdoppelung des Effekts hebt diesen wieder auf und die Schleppe kommt nicht zur Geltung.

Kapellen-Schleier

Diese Variation passt vor allem zum Black-Tie-Dresscode, also zu betont formalen Zeremonien und Festen. Sie unterstreicht sehr elegante Brautkleider und empfiehlt sich nicht zu lässigen Styles. Da der Kapellen-Schleier bis zu zwei Meter Länge erreicht und somit bis auf den Boden fällt, ersetzt er die Schleppe.

Kathedralen-Schleier

Er gehört zu den edelsten Hochzeitsgarderoben, die die Gesellschaft kennt. Die Festlichkeit ist hier nicht mehr zu toppen, wobei in dem Fall selbstverständlich auch die Gäste entsprechend gekleidet sein sollten. Kathedralen-Schleier sind etwa drei Meter lang und vor allem von königlichen Hochzeiten bekannt. Damit sie schön fallen und vor allem auch halten, werden sie zuvor von einem Profi am Kopf befestigt. Vor dem Ein- und Auszug aus der Kirche ist es unumgänglich, dass ihn die Brautjungfern oder Trauzeugen und Trauzeuginnen auf dem Boden ausbreiten, damit seine Pracht zur Geltung kommt.

Doppellagige Schleier

Dabei handelt es sich um Varianten der bereits genannten Schleier, die jedoch in jeweils zwei Schichten übereinandergelegt werden. Dadurch wirken sie besonders voluminös. Der obere Schleier ist ein wenig kürzer als der darunterliegende.

Mantilla-Schleier

Ein traditionell spanischer Schleier, mit edler Spitze verziert, der feminine Eleganz mit Anmut vereint. Er besteht ebenfalls aus zwei Schichten, deren kürzere das Gesicht der Braut bedeckt und erst zum Hochzeitskuss angehoben und nach hinten geschlagen wird. Der Mantilla-Schleier, der mit einem dekorativen Kamm befestigt wird, passt vor allem zu schmal geschnittenen, femininen Brautkleidern.

Kopfschmuck

Natürlich könnt ihr eure Häupter auch auf andere Weise schmücken oder euren Schleier mit passendem Schmuckwerk kombinieren. Auch eure weiblichen Gäste tragen womöglich gerne Gebinde im Haar, dabei solltet ihr nur darauf achten, dass sie zum Dresscode passen.

Der auf Hochzeiten beliebteste Kopfschmuck ist sicherlich der aus Blumen geflochtene Kranz. Er wird, abgesehen von der Braut, vor allem von den Brautjungfern, den Blumenkindern und eventuell von den Trauzeuginnen getragen. Andere Gäste sollten sich allerdings mit euch abstimmen. Auf keinen Fall dürfen die anderen Blumenkränze dem Brautkranz die Show stehlen – was natürlich für alle anderen Schmuckwerke ebenso gilt.

Beliebt sind außerdem ins Haar geflochtene filigrane Ketten, Bänder und Federn. Daneben gibt es noch den klassisch gesteckten Schmuck-Kamm. Auch das Haar selbst kann, dank eines raffinierten Flechtwerks, zum Schmuck werden.

Exzentrischer ist da schon der Fascinator, der besonders in England sehr geschätzt wird. Er besteht aus einem Arrangement aus Spitze, Seidenstoffen und Tüll sowie Federn und Blumen. Mit Haarreif und Nadeln von Meisterhand ins Haar gesteckt, vermittelt er den Eindruck, über dem Kopf zu schweben.

Eine Tiara ist auf jeden Fall nur der Braut gestattet. Sie ähnelt einer Krone und sollte besonders geschmackvoll ausgewählt werden, um Wirkung zu erzielen. Und sie muss elegant sein.

Seht euch einfach ein bisschen um und lasst euch von Profis beraten.

Something old, something new

»Something old, something new, something borrowed, something blue and a lucky Sixpence in your shoe« – »Etwas Altes, etwas Neues, etwas Geliehenes, etwas Blaues und einen Glückspfennig im Schuh.« So lautet ein Hochzeitsbrauch aus England, der durch die Hochzeit von Prinz Charles und Lady Di nach Deutschland gefunden hat und seitdem bei Brautpaaren überaus beliebt ist. Die Grundidee gibt vor, dass die Braut von allem etwas am Körper tragen soll:

♡ Etwas Altes als Zeichen für ihr bisheriges Leben vor der Ehe: Dafür eignet sich zum Beispiel ein Schmuckstück, das Bräute häufig von ihrer Familie zur Hochzeit oder zur Verlobung geschenkt bekommen. So wird diese Tradition auch von euch weitergeführt.

♡ Etwas Neues als Symbol für das nun begonnene Eheleben, naheliegenderweise euer ungetragenes Brautkleid.

♡ Etwas Geliehenes einer Freundin, die selbst bereits glücklich verheiratet ist – ein verziertes Taschentuch etwa oder ein Freundschaftsband. Dahinter steht der Gedanke, dass auch unser Leben nur geliehen ist.

♡ Etwas Blaues als Symbol für Treue, zum Beispiel ein blaues Strumpfband.

♡ Der Glückspfennig (»Sixpence«) im Schuh gilt als ein Vorzeichen künftigen Wohlstands.

DER BRÄUTIGAM

Hochzeitsanzug

Auch der Bräutigam braucht zu diesem Anlass bis zu drei Outfits, sagen wir: eine Smart-Casual-Garderobe für das Get-together am Freitagabend, einen Frack für die Trauung am Samstag und einen Smoking für den Abend.

Denkbar wäre für das Get-together am Freitagabend natürlich auch ein Motto-Outfit, da kommt man sich schnell näher, weil alle einen thematischen Anknüpfungspunkt für ein Gespräch haben. Man fühlt sich schneller zugehörig und wagt sich auch mal aus seiner Grüppchen-Komfortzone heraus. Ich empfehle als Motto gerne *All in White*, *Cuban Night* oder *Pool Party*. Beliebt ist auch *Italian Chic*: viel Dolce & Gabbana, viele Blumen, viel *Amore e Dolce Vita*.

Aber zurück zum Bräutigam: Am Tag der Hochzeit legen die Herren in der Regel ihren Dresscode weitgehend individuell fest, es sei denn, ihr habt Vorschriften ausgegeben. Klassischerweise wird ein schwarzer, einreihiger und am Revers mit Seide besetzter Frack oder ein mondäner Smoking gewählt. Da beides zur klassischen Abendgarderobe gehört, ist er während des Tages aber tabu. Eine gute Wahl für den Vor- und Nachmittag ist der Cut oder der Stresemann. Der Cut ist der große Gesellschaftsanzug für den Tag, der Stresemann das kleine Pendant dazu. Der Anzug mit seinem charakteristischen abgeschnittenen Jackett in Schwarz oder Grau und dem Schwalbenschwanz-Sakko wird vor allem in Königshäusern und Adelskreisen zu festlichen Anlässen getragen. Auch beim Pferderennen in Ascot oder auf Hochzeiten in den USA darf er nicht fehlen, mittlerweile erfreut er sich auch in bürgerlichen Kreisen größerer Beliebtheit. Ausschließlich der Bräutigam darf ihn in Grau tragen, alle anderen männlichen Gäste sollten in einem schwarzen *Morning Suit* erscheinen. Wer den Cut stilecht trägt, kombiniert dazu eine graue Weste und die klassische graue Stresemannhose mit schwarzen Streifen, darunter ein weißes Hemd mit verdeckter Knopfleiste und doppelten Manschetten.

Natürlich könnt ihr euch auch für einen modernen, vornehmen Hochzeitsanzug mit Seidenapplikationen entscheiden, dessen Sakko generell etwas länger als das eines Business-Anzugs ist. Hier bitte besonders auf die Hochwertigkeit der Stoffe achten. Sie sollten einen dezenten Glanz, etwa wie Seide, aufweisen. Für Schuhe, Einstecktücher und dergleichen gelten die Regeln, die ihr später im Kapitel »Dresscodes« (→ S. 86) findet.

Ein paar Worte zum Thema Schuhwerk: Zu Smoking oder Frack sind ausschließlich schwarze, polierte Glanzleder- oder Lackschuhe erlaubt, dazu schwarze lange Strümpfe aus Baumwolle. Wenn ihr nicht ohnehin eine Maßanfertigung bevorzugt, achtet darauf, dass es sich um rahmengenähte Modelle aus feinem Kalbs-, Rinds- oder Ziegenleder handelt. Nehmt zur Anprobe eine Stoffprobe mit – oder gleich die Anzughose, um sicherzugehen, dass die Schuhe optimal zum Outfit passen. Plant die Anprobe nachmittags ein, dann sind die Füße leicht angeschwollen, und ihr kauft die Schuhe nicht zu klein. Kümmert euch rechtzeitig darum, gerade bei Maßschuhen: Vom ersten Gespräch, dem Vermessen der Füße, der Auswahl des Leders über die Herstellung des Probeschuhs und den Bau des Endmodells bis hin zur Auslieferung vergehen zwei bis drei Monate. Ihr braucht ja noch genug Zeit, um die Schuhe in der Wohnung einzulaufen.

Auch sonst solltet ihr euch über die Garderobe rechtzeitig Gedanken machen, wir sprechen hier schließlich von Taylormade, also maßgeschneiderten Anzügen. Drei Monate Vorlauf sind hier absolutes Minimum, zwei Monate wären bereits Express. Ist noch machbar, aber stresst – und kostet extra.

Hut

Als Kopfschmuck des Herrn gilt weiterhin der Hut, beim Frack ist der Zylinder unumgänglich. Zum Cut beziehungsweise Stresemann rundet ein grauer Zylinder das Erscheinungsbild ab, ist aber kein Muss.

Denkt daran: In geschlossenen Räumen haben die Herren ihre Hüte abzusetzen, und zwar grundsätzlich. Alles andere wäre grob stillos. Ausnahmen sind lediglich rituelle Vorgaben, etwa bei einer jüdischen Hochzeit. In Synagogen ist die Bedeckung des Kopfes zwar keine Pflicht, aber Brauch. Sie gilt als Zeichen der Ehrfurcht vor Gott – eine übrigens relativ junge

Symbolik. Vor dem 17. Jahrhundert nahmen auch mosaisch Gläubige, genau wie Christen, die Kopfbedeckung ab, um ihre Demut auszudrücken.

Boutonnière

Der Bräutigam trägt traditionell ein kleines Blumengebinde am Revers, das farblich zum Brautstrauß passt. Es sollte nicht zu auffällig sein, darf sich jedoch als Eyecatcher vom Jackett abheben. Befestigt wird die Boutonnière im Knopfloch des linken Revers, bei maßgefertigten Anzügen ist an entsprechender Stelle eine spezielle Schlaufe angebracht. Zwar ist das Tragen des kleinen Blumengebindes nicht nur dem Bräutigam vorbehalten, sondern kann auf männliche Familienangehörige und enge Freunde ausgeweitet werden. Allerdings sollten die Gäste dann darauf achten, dass ihre Anstecker der Boutonnière des Bräutigams ähneln, aber nicht genauso aussehen. Der künftige Mann der Braut sollte sich damit auf jeden Fall optisch abheben.

EHERINGE —
SYMBOLE DER LIEBE

Als Symbol eurer Liebe und Verbundenheit ist die Entscheidung für den Ehering durchaus wichtig. Schließlich habt ihr ihn jeden Tag an eurer Hand und vor Augen. Die Gestaltung steht euch frei, genau wie das Material. Selbst Eheringe »von der Stange« lassen sich mit einer entsprechenden Gravur personalisieren, die über den Standard (Namen und Datum) hinausgeht. Zum Beispiel, indem ihr den Namen des Partners in seiner Originalhandschrift eingravieren lasst – oder sogar seinen Fingerabdruck.

Noch schöner ist es, wenn ihr zu einem Goldschmied geht, der euch zwei Unikate anfertigt. Da ihr die Ringe hoffentlich lebenslang tragen werdet, halte ich das durchaus für angebracht. Wenn ihr individuelle Ringe in Auftrag gebt, plant genügend Vorlauf für die Fertigung ein. Achtet außerdem darauf, wie pflegeintensiv das von euch gewünschte Material ist. Sorgt dafür, dass der Goldschmied oder Händler einen Service etwa für spätere Reinigungen anbietet. Und ein Zertifikat beilegt.

Die Geschichte des Rings, der Unendlichkeit und Beständigkeit symbolisiert, reicht bis tief ins Altertum zurück, obwohl er nicht durchgängig üblich war, auch bei uns nicht. Auch gibt es unterschiedliche Ansichten darüber, an welcher Hand er zu tragen sei. Sowohl die alten Ägypter als auch Römer trugen ihn am Ringfinger der linken Hand, weil sie meinten, es führe eine Ader – die sogenannte *Vena amoris*, »Liebesader« – direkt von dort zum Herzen. Wobei im antiken Rom nur die Frauen einen Ehering trugen, und zwar aus Eisen. Er galt gleichsam als Empfangsbestätigung für die vom Bräutigam erhaltene Mitgift – das blieb teilweise auch bei uns bis ins neunzehnte Jahrhundert so.

Den Ring links zu tragen, hält sich in Italien bis heute. Allein in Deutschland und Österreich wird er meistens rechts getragen. Zu den Gründen kursieren verschiedene Interpretationen. Eine beruft sich auf die Germanen, für die die Liebesader durch die rechte Hand geführt habe. Andere berufen sich auf die Reformation: Die Protestanten hätten den Ehering bewusst als Protest für ihren Glauben rechts statt links getragen, wie bis dahin üblich. In der Bibel wiederum findet sich unter 2. Mose 15.6. die Passage »Herr, deine rechte Hand tut große Wunder«, aus der hervorgeht, dass die rechte Seite für das Gute steht. Ihr findet diese Auffassung noch heute in unserem Sprachgebrauch. Wir sagen zum Beispiel, dass etwas »rechtens« sei, wir sprechen von »Recht und Ordnung« und reichen zur Begrüßung die rechte, also »richtige« Hand. Wo auch immer die *Vena amoris* verlaufen mag: Wenn ihr an eure Liebe glaubt, seht die Ringe als Symbol dafür.

Was ihr in die Innenseite des Ringes gravieren lasst, ist eure persönliche Entscheidung. Es ist nicht unüblich, in den Ring lediglich die beiden Namen und das Datum der Eheschließung oder des Eheversprechens gravieren zu lassen. Schön ist zum Beispiel aber auch die antike Inschrift *Pignus amoris habes – Du hast meiner Liebe Pfand*. Oder das mir persönlich herznahe *Omnia vincit amor – Die Liebe besiegt alles*, ein Wahlspruch vieler Ritter und Minnesänger im Mittelalter.

Spätestens seit dem 2. Jahrhundert vor Christi Geburt waren übrigens auch goldene Hochzeitsringe in Form zweier ineinander verschränkter Hände üblich. Eine andere Variante ist ein Paar ineinandergeschlungener Ringe. Eine schöne Symbolik: Ihre Kreisform hat kein Ende, die verschlungenen Ringe können nicht getrennt werden, ohne dadurch beschädigt zu werden. Damit ähneln sie dem Symbol für Unendlichkeit: ∞. Um das Konzept ewiger Verbundenheit zu unterstreichen, werden dafür besonders dauerhafte Materialien verwendet.

Es ist üblich, einen begleitenden Spruch zu äußern, wenn man sich gegenseitig den Ring überstreift. Mit den Worten »Trage diesen Ring als Zeichen deiner Treue« sollte vor allem die Ehefrau zur Treue verpflichtet werden. Wenn wir hingegen heute sagen »Trage diesen Ring als Zeichen meiner Treue« oder »als Zeichen unserer Liebe und Treue«, ist das relativ neu und spiegelt die zeitgemäße Auffassung von einer Ehe.

Auch wenn dieser Brauch leider etwas verlorengegangen ist: Der Verlobungsring wird in der Regel links getragen, während der Trauzeremonie abgezogen und auf den Ringfinger der rechten Hand gestreift, bevor der Ehering empfangen wird. Meistens trägt der Verlobungsring einen sehr edlen Stein, der den Wert symbolisiert, den die Frau für den Mann hat – natürlich je nach seinen ökonomischen Möglichkeiten, nicht selten aber weit über sie hinaus. Dann werden die Frauen vor Rührung ganz stumm, und manche fängt zu weinen an. Dabei orientiert sich die Faustregel am Verdienst des »Antragstellers«: Ein Verlobungsring sollte mindestens ein Nettomonatsgehalt kosten. Seht es mit Humor. Wenn man bedenkt, dass er ein Leben lang getragen wird, kann man sich ausrechnen, dass so ein Verlobungsring finanziell gerade mal mit ein paar Cents pro Tag zu Buche schlägt. Ohne Zweifel wird es eines der bedeutendsten Schmuckstücke im Leben der Braut sein.

Übrigens: Nicht einmal fünf Prozent der Frauen trauen sich und übernehmen den Heiratsantrag.

TRAUZEREMONIE —
WER SEID IHR ALS PAAR?

Jetzt zum Ritual, um das sich alles dreht: Auf welche Weise wollt ihr heiraten, kirchlich oder weltlich? Soll die Zeremonie christlich geprägt sein oder jüdisch, muslimisch oder griechisch-orthodox, buddhistisch oder hinduistisch? Wenn ihr als Paar nicht derselben Konfession angehört, werdet ihr euch sicher überlegen, welche Bedeutung der Glaube für jeden Einzelnen von euch hat und welche Rolle er für euch und eure Verbindung spielt. Etwa, ob einer von euch zum Glauben des anderen übertreten möchte. Oder ob ihr euch für einen ökumenischen Gottesdienst entscheidet, der beides miteinander verbindet. Worin sich die Zeremonien unterscheiden, wie ihr sie gestalten könnt und was ihr dabei beachten müsst, erkläre ich später noch ausführlicher (→ »Gestaltung der Trauung«, S. 197).

Bedenkt in jedem Fall, dass die Zeremonie kein Image ist, das man sich überziehen kann. Und dass ihr eine echte Verbindung zu den Werten haben solltet, für die sie steht. Das betrifft nicht nur euch als Paar: Spätestens wenn ihr Eltern seid, steht ihr vor der Frage, welchen Glauben ihr an euren Nachwuchs weitergeben wollt. Es ist eine Sache, den Glauben des anderen zu akzeptieren und etwa ihm zuliebe in seiner Kirche zu heiraten. Eine andere ist die Frage, ob man nach der Geburt des ersten Kindes dann noch genauso liberal ist.

Darüber hinaus sollte eine Zeremonie zu dem Ort passen, an dem ihr euch das Jawort gebt. Wollt ihr etwa in einer mediterranen Gegend heiraten, bedenkt, dass christliche beziehungsweise katholische Rituale fester Bestandteil einer kirchlichen Trauung sind. Man geht da nicht einfach hin, klingelt und bestellt sich eine Trauung von der Stange. Ihr solltet euch daher schon mal Gedanken gemacht haben, wer ihr als Paar seid. Was ihr wollt und was ihr euch vorstellt. Welche Gebete dazu passen und welche Bibelstellen vorgelesen und welche Lieder gesungen werden sollen.

Eine Alternative zur Kirche sind freie Trauungen. Hier habt ihr sehr viel mehr Gestaltungsmöglichkeiten, da gibt es quasi nichts, was nicht geht. Ihr könnt unter freiem Himmel heiraten, in einem Garten, einem Park, einem Schlosspark – und barfuß am Strand, mit Blick aufs Meer. Letzteres ist der Traum der meisten, die mich anschreiben. Freie Trauungen sind – das sollte man beachten – reine Zeremonien und haben keinen rechtlichen, also verpflichtenden Charakter. Dafür ist das Standesamt zuständig.

Musik zur Trauung

Eine wichtige Rolle für die Zeremonie spielt die musikalische Untermalung. Dazu werden normalerweise Pianist, Streicher und Livesängerin oder -sänger engagiert. Habt ihr eine bestimmte Vorstellung, bleibt die Frage, ob die Musiker das Lied auch live performen können. Wenn sie es noch nicht im Repertoire haben, müssen sie es einstudieren. Achtet also auf ausreichenden zeitlichen Vorlauf.

Natürlich kann man beim Einzug der Braut einfach den Hochzeitsmarsch aus Richard Wagners »Lohengrin« spielen. Das haben bereits Millionen anderer Paare auch gemacht, inspiriert durch die Märchenhochzeiten in Hollywoodfilmen. Doch solltet ihr auch nur ein bisschen abergläubisch sein, dürfte das

Stück »Treulich geführt« eher ein schlechtes Omen sein – bedenkt bitte, wie diese Ehe ausgeht. Im Grunde beginnt sie gar nicht erst: Bereits nach der Hochzeitsnacht ist Schluss. Nein, einen derart dunklen Schatten über dem wahrscheinlich größten Fest, das ihr in eurem Leben feiert, möchte keiner haben. Wenn es denn ein Hochzeitsmarsch sein soll, lasst beim Auszug lieber die Version von Felix Mendelssohn Bartholdy erklingen. Sie begleitet die Dreifach-Hochzeit in William Shakespeares »Sommernachtstraum« und steht somit eindeutig für ein Happy End.

EUER TEAM —
TRAUZEUGEN, BRAUTJUNGFERN
UND BLUMENKINDER

D amit eine Hochzeit unvergesslich wird, braucht es immer auch Menschen, auf die man zählen kann. Leute aus dem vertrauten Umfeld, die Braut und Bräutigam durch die Trauung und das anschließende Fest begleiten. Seit die Planung und Organisation immer öfter von professionellen Wedding-Planern übernommen wird, haben die Rollen etwa von Trauzeugen und Brautjungfern eher symbolischen Charakter. Doch ihre Bedeutung für das Paar ist ungeschmälert, denn: Zu einem guten Team gehören immer auch Leute, die einem unerschütterlich zur Seite stehen.

Trauzeugen

Ein Trauzeuge ist sozusagen der Taufpate eurer Hochzeit. Macht euch klar, wer dafür infrage käme, und klärt frühzeitig, ob der- oder diejenige dazu bereit wäre. Hochzeitsplaner und Trau-

zeugen bezeichnen sich manchmal gegenseitig scherzhaft als
»Staatsfeind Nr. 1«. Und in der Tat hatten sie in vielen Fällen,
die ich bisher erlebt habe, durchaus ihre Probleme miteinander.
Doch das ist einzig und allein eine Frage der Kommunikation!
Die Zeiten, in denen die Trauzeugen dafür zuständig waren,
das Brautpaar bei Planung und Organisation zu unterstützen,
und ihnen alle möglichen Aufgaben abnahmen, sind vorbei.
Moderne Brautpaare ernennen ihre Trauzeugen aus Liebe und
Wertschätzung. Trauzeugen sollten Gäste auf eurer Hochzeit
sein und mitfeiern, aber sicher nicht den Vollzeitjob eines Hoch-
zeitsplaners übernehmen.

Bittet eure Trauzeugen, in der Vorbereitungsphase als Ansprechpartner zur Verfügung zu stehen und euch am Tag der
Hochzeit zu unterstützen. Damit ihnen die Verantwortung jedoch nicht über den Kopf wächst, klärt genau, welche Aufgabe sie konkret übernehmen. Wenn ihr sie als offizielle Ansprechpartner einsetzen wollt, solltet ihr das in eurer Einladung
entsprechend kommunizieren. Als Personen eures Vertrauens
sollten sich die Trauzeugen als euer Sprachrohr präsentieren
und eure Interessen vertreten. Ihr habt keine Lust auf Braut-
spiele und lähmende Foto-Sessions? Dann haben eure Trauzeugen den offiziellen Auftrag, dies zu verhindern. Genau wie
die traditionelle Brautentführung, die in der tollsten Stimmung
die Party sprengt. Keine leichte Aufgabe, die Vorstellungen des
Brautpaars gegenüber der Verwandtschaft und anderen Gästen
durchzusetzen. Aber einer muss den Job übernehmen – der perfekte Job für den Wedding-Planer.

Trauredner

Was der Pfarrer in der Kirche, ist der Trauredner bei einer weltlichen Zeremonie. Diese Aufgabe kann im Prinzip jede Person eurer Wahl übernehmen, schließlich handelt es sich nicht um einen geschützten Beruf. Ihr könnt jemanden aus dem Freundeskreis bitten oder einen Profi, eine Frau oder einen Mann, unabhängig von Alter, Herkunft, Konfession. Worauf es ankommt, ist, welchen Typ Mensch ihr euch für diese Aufgabe wünscht. Wollt ihr einen professionellen Redner oder eine Rednerin beauftragen, dann führt zuvor ein oder zwei Gespräche von Angesicht zu Angesicht. Um einen ersten Eindruck zu erhalten, könnt ihr natürlich die Videoreferenzen durchsehen und dabei herausfinden, wo die Person herkommt und ob sie eher lustig oder ernst ist. Allerdings sind Filmaufnahmen kein Ersatz für das persönliche Kennenlernen. Soll euer Trauredner für den Gesprächstermin anreisen, sorgt gegebenenfalls für eine Übernachtungsmöglichkeit. Bedenkt bitte, dass das sehr wahrscheinlich auch für den Tag der Hochzeit gilt. Entfernungen sollten hier eine untergeordnete Rolle spielen, Details lassen sich jederzeit über Skype- und Facetime-Interviews besprechen.

Weitaus wichtiger finde ich, dass ihr der Traurednerin beziehungsweise dem Trauredner eure Sympathie und euer Vertrauen entgegenbringt. Denn so wie ein Geistlicher bei einer kirchlichen Trauung die Hochzeitszeremonie übernimmt, ist der Trauredner die erste Person, die eurer Ehe das Wohl zuspricht, ihr in einem gewissen Sinn den weltlichen Segen erteilt. Ihr solltet also spüren und überzeugt sein, dass der- oder diejenige an eure Ehe glaubt und mit vollem Herzen bei der Sache ist.

Fürbitter

Die Bezeichnung sagt es schon: Jemand *bittet für* jemand anderen. Ursprünglich bezog sich die Fürbitte in Form eines Gebets auf die eigene Person, die man an Gott richtete – im alten Byzanz dann an den Kaiser. Im Mittelalter änderte sich das wieder, bis sich Mitte des letzten Jahrhunderts die Fürbitte als fester Bestandteil der heiligen katholischen Messe etablierte. Fürbitten werden von mehreren euch nahestehenden Personen übernommen – in Form von kurzen Wünschen, die für alle hörbar vorgetragen werden. Das Ritual ist eng mit dem christlichen Glauben verbunden, kann aber auch bei einer weltlichen Zeremonie Anwendung finden. In jedem Fall können die Fürbitten einen berührenden Höhepunkt darstellen, weil sie individuell auf euch eingehen. So fallen sie wie ein warmer Strahl auf euch und lassen eure Persönlichkeit leuchten. Daher rate ich euch, auf solch ein wundervolles Ritual auf keinen Fall zu verzichten. Scheut euch nicht, dafür eure Freunde zu fragen. Die meisten werden sich freuen und geehrt fühlen, dass neben den Trauzeugen auch sie damit zu Taufpaten eurer Ehe werden. Ihr werdet euch wundern, zu welch berührenden, hinreißenden Sätzen es dabei kommt.

Brautjungfern

Gerade in den USA sind sie von Hochzeiten kaum wegzudenken, dabei kennt kaum jemand mehr ihre ursprüngliche Bedeutung. Der Brauch geht ins Mittelalter zurück: Ursprünglich sollten Brautjungfern böse Geister verwirren und von der Braut ablenken. Deshalb machten sich ihre Begleiterinnen, die allesamt jungfräulich waren, fast ebenso schön wie die Braut und zogen so die Aufmerksamkeit auf sich. Die Geister konnten nicht mehr erkennen, welche von ihnen die Braut war – und somit auch kein Unheil über das Hochzeitspaar und die Ehe bringen.

Jetzt, wo ihr das wisst, dürfte klar sein, dass nur die allerbesten Freundinnen diese Aufgabe übernehmen sollten. Wenn ihr sie auswählt, erzählt ihnen diese Geschichte ruhig. So wird ihnen bewusst, wie bedeutend ihre Rolle als »lebender Schutzschild« für euch ist.

Brautführer

Während die Brautjungfern für die spirituellen Gefahren zuständig waren, hatten die Brautführer die Aufgabe, die Braut vor irdischen Bedrohungen zu beschützen. Konkret waren das Plünderer und Wegelagerer, die es auf Brautschmuck und Mitgift abgesehen hatten, wenn die Braut den Weg von ihrem Elternhaus in ihr neues Heim antrat. Der Weg zum Altar, den der Brautführer an der Seite der Braut beschreitet, steht symbolisch für diesen Weg.

Im Mittelalter standen sogar mehrere ledige Männer beim Brautpaar, und zwar der Symmetrie halber ebenso viele, wie es Brautjungfern gab. Das hatte einen symbolischen, aber auch einen praktischen Grund, denn nach dem Eröffnungstanz des Brautpaares bildeten Brautjungfern und Brautführer die Paare, die zuerst auf die Tanzfläche gingen.

Heutzutage wird die Rolle des Brautführers traditionell vom Vater der Braut übernommen. Tatsächlich kann es, wenn wir uns den historischen Hintergrund vor Augen halten, aber auch eine andere Person sein. Es liegt auf der Hand, dass die Brautführer aus dem engsten Kreis der Verwandten und Freunde gewählt werden.

Während die Brautjungfern meist schon im Vorfeld Aufgaben zu erfüllen haben, der Braut hier und da zur Hand gehen und mit in die Planung einbezogen werden, beginnt die Rolle des Brautführers erst mit dem Hochzeitszug. Natürlich kann der oder können die Brautführer etwa als rechte Hand der Trauzeugen fungieren oder andere Aufgaben übernehmen. Zum Beispiel können sie sich nach der Trauung unentbehrlich machen, indem sie Hilfestellung beim Einnehmen der Plätze an der Festtafel geben. Traditionell sind sie es auch, die am Abend die Kerzen auf den Tischen entzünden.

So wie die Brautjungfern sich nach der Braut richten, stimmen die Brautführer ihre Kleidung auf die des Bräutigams ab – etwa in der Wahl einheitlicher Boutonnières, Fliegen oder, je nach Dresscode, Krawatten.

Blumenkinder

Jeder von euch kennt das Bild: Ein Brautpaar steigt nach der Trauung die Stufen vor dem Portal der Kirche hinab, während Kinder – in Filmen sind es meistens kleine Mädchen – aus geflochtenen Körbchen Blütenblätter vor deren Füße streuen. In Deutschland werden sie bisweilen auch »Streuengel« genannt. Natürlich können Jungen ebenfalls Blumen streuen. Wichtig ist nur, dass sie nicht älter als neun Jahre, also wirklich noch Kinder sind. Und möglichst nicht unter drei, damit sie verstehen, worum es geht und was ihre Aufgabe ist.

Der Hintergrund dieser Sitte entstammt der vorchristlichen Zeit. Die Kinder sollten mit den Blüten die Fruchtbarkeitsgöttinnen und -götter anlocken, die für den Duft der Blumen besonders empfänglich waren (oder, wenn ihr so wollt, noch sind). Am besten ist es, wenn von den gestreuten Blüten einige am Hochzeitskleid der Braut haften bleiben – dann werden ihr, so die Legende, die Gottheiten bis ins Ehebett folgen.

Wenn ihr also Blumenkinder einsetzt und außerdem Brautjungfern und Brautführer, dann zieht ihr eine imaginäre symbolische Linie der Menschwerdung bis in die Moderne hinein: Der romantische Aspekt, also Heirat aus Liebe, ist menschheitsgeschichtlich relativ neu, er kam erst im neunzehnten Jahrhundert auf. Bis dahin waren Ehen fast durchweg Versorgungsgemeinschaften, die sowohl den Schutz der Ehepartner als auch der Nachkommen garantieren sollten, um die Fortführung der Familienlinien zu gewährleisten. Es kann nicht schaden, wenn ihr euch das bewusst macht. Was wir in unserer westlichen Welt für selbstverständlich halten, ist tatsächlich eine Errungenschaft, nämlich das Recht auf Selbstbestimmung. Und jede Liebesheirat feiert diesen Fortschritt mit.

DIE GÄSTE

In diesem Kapitel will ich euch erklären, wie ihr eure Gäste glücklich macht, was ihr dazu braucht und wie ihr sie auf euer rauschendes Fest optimal vorbereitet.

BRIEFING —
DAMIT REDEN NICHT AUSUFERN

D
amit alles zu jedermanns Zufriedenheit klappt, ist es sinnvoll, dass alle eure Gäste sehr genaue Informationen erhalten, wie der Tag strukturiert sein wird. Lasst ihnen daher zuvor einen Ablaufplan zukommen, am besten zusammen mit der Einladungskarte. Hängt den Plan auch an einem geeigneten, für jedermann einsehbaren Ort aus, zum Beispiel in den Badezimmern oder an der Garderobe. Und legt ihn darüber hinaus ausgedruckt zum Willkommensgruß auf das Zimmer eurer Gäste.

Glaubt mir, eine genaue Vorbereitung, Planung und Organisation ist die halbe Miete! Auch wenn euch das kleinlich oder ungemütlich erscheint: Ein detaillierter Zeitplan ist das Gerüst für eine gelungene Feier. Sich an ihm zu orientieren, ist unerlässlich, damit sich alle wohlfühlen. Glaubt mir, es werden noch genügend unvorhergesehene Dinge eintreten, und dann ist es gut, wenn ihr einen Plan habt. Schon allein deshalb, weil die

Hochzeitsreden immer mal wieder viel zu lang geraten. Denn das kennt ihr ja selbst: Manche Leute finden einfach kein Ende. Und was, wenn ihr dann hungrige Gäste habt?

Ich erinnere mich noch gut an die »kurze« Ansprache eines Brautpaars. Selbstverständlich waren wir den Ablaufplan im Vorfeld in Ruhe durchgegangen. Ich hatte freundlich, aber mit Nachdruck darauf hingewiesen, dass kein Redner über drei, maximal fünf Minuten sprechen solle. Und dass sie das den Rednern bitte sagen sollten. Alles andere ist nämlich keine Ansprache mehr, sondern ein Vortrag. Und mal im Ernst: Wer will auf einem Fest Vorträge hören? Also ich nicht.

Das Kuriose war: Zwar hatte mein Paar die Zeitvorgabe brav an die Gäste weitergegeben, nur hielt es sich nun selbst nicht daran. Und zwar nicht die Bohne! Ihr macht euch keine Vorstellung, wie geschockt wir waren – allein davon, wie langatmig es war. Das Ganze gipfelte darin, dass das Brautpaar jede und jeden der mehr als zweihundert Gäste persönlich vorstellte! Kleine Rechenaufgabe gefällig? Wenn da jeder Gast nur 15 bis 20 Sekunden bekommt, landet ihr bei etwa einer Stunde. Allein für die Vorstellungsrunde. Da verdauen die Ersten bereits ihre Mägen.

Als Hochzeitsplanerin bin ich auf so etwas nicht nur vorbereitet, sondern kenne keine Skrupel: Ich scheue mich nicht, durchzugreifen, und ziehe irgendwann den Stecker – in übertragenem Sinne. Das heißt, ich gebe der Küche den Marschbefehl »Schicken«. Tut ihr das im Zweifelsfall bitte auch, eure Gäste werden es euch danken.

DRESSCODES —
VON CASUAL BIS WHITE TIE

Da die Regeln der verschiedenen Dresscodes nicht jedem präsent sind, stelle ich euch hier noch einmal die wichtigsten vor. Bei der Wahl eurer Garderobe solltet ihr darauf achten, dass der Dresscode des Tages entweder zu der von euch gewählten Location passt oder zu dem Motto, das ihr ausgegeben habt. Ein »Black Tie« in einer Landgaststätte ist gewiss nicht passend, »Casual« in einem Luxushotel genauso wenig.

Casual

Casual Dresscode bedeutet lässig, ohne strenge Regeln und Vorschriften. Man versteht darunter Freizeitkleidung, die man im Alltag trägt und im vertrauten Zusammensein mit Freunden. Je nach Anlass wird Casual jedoch unterschiedlich interpretiert oder enthält ungeschriebene Regeln. Zum Beispiel sollte man weder im Büro noch auf einer Hochzeit in Shorts, Sandalen, Minirock oder tief ausgeschnittenem Kleid erscheinen. Auch Spaghetti-Träger sind tabu. Frauen wählen etwa ein schickes Oberteil zu langer Hose oder Rock. Schuhe sollten zur Kleidung passen, weitere Vorgaben gibt es nicht. Männer tragen meist gutsitzende Hosen, dazu Hemd oder Pullover und Sakko. Es ist sinnvoll, geschlossene Schuhe zu tragen, weil man mit ihnen kaum etwas falsch machen kann. Auf exzentrisches Schuhwerk würde ich hier verzichten, sondern lieber auf die Klassiker setzen.

Smart Casual

Hier kommt es auf die Balance zwischen Eleganz und Lässigkeit an. Frauen erscheinen im Zweiteiler, also im Rock oder in der Stoffhose mit Bluse. Ebenso erlaubt ist Hosenanzug oder

Kostüm – genau wie hochwertige Jeans, die mit einem schicken Shirt und Blazer kombiniert werden. Dazu zurückhaltende Ketten, Armbänder und Ohrringe.

Männer sollten eine dunkle Stoffhose mit Sakko oder Blazer tragen, dazu einfarbige oder unauffällig gemusterte Hemden. Außerdem wird ein Gürtel erwartet, der zu den Schuhen passt. Bei denen könnt ihr zwischen Schnürern, hochwertigen Sneakers oder Loafers wählen.

Gala

Werden *die Herren* zum Gala-Outfit aufgefordert, dann wählen sie tagsüber, also vor 18 Uhr, einen Gesellschafts-Anzug: den Cutaway, kurz Cut genannt, oder den Stresemann. Dieser festliche Anzug besteht aus einer schwarz-grau gestreiften Hose und einem grauen oder anthrazitfarbenen Jackett. In England nennt man diese Kombination auch *Morning Suit*, weil er niemals nach 18 Uhr getragen wird. Darunter trägt der Herr eine hellgraue Weste aus demselben Stoff wie das Jackett sowie eine silbergraue Krawatte. Bitte merkt euch, dass Jackett, Weste und Krawatte nur bei Trauerfeiern schwarz sein sollten. Die obligatorischen schwarzen Lackschuhe wurden ursprünglich mit weißen Woll-Gamaschen getragen, was heutzutage ausgesprochen exzentrisch wirken würde.

Das Jackett eines Cut heißt Rock. Er ist hinten länger als vorn und reicht, ähnlich wie ein Frack, bis in die Kniekehlen. Er wird über dem Bauch zugeknöpft. Zum Cut passt ein weißes oder ein pastellfarbenes Hemd, aber auch ein dezent gestreiftes in Weiß und Blau. Dass es langärmlig sein muss, versteht sich von selbst.

Nach 18 Uhr ist der Frack Pflicht. In England wird dieser Dresscode auch als *White Tie* bezeichnet, da zum Frack stets eine weiße Fliege das Outfit ergänzt. Im Gegensatz zum Cut liegt der Frack zwar ebenfalls am Körper an, er wird aber nicht zugeknöpft.

Die Damen können ihre Oscar-Robe hervorholen: Angesagt sind lange Abendkleider mit oder ohne Ärmel, gerne mit High Heels, dazu eine Clutch. Sie dürfen auf glamouröse Frisuren setzen und auffälligen Schmuck tragen.

Semi Formal

Hier müsst ihr genau auf die Uhrzeit achten. Vor 18 Uhr tragen Männer einen dunklen Anzug, danach einen Smoking. Damen erscheinen vor 18 Uhr in einem dunklen Kostüm oder Hosenanzug. Danach wird ein Cocktailkleid oder sogar langes Abendkleid erwartet, natürlich mit passenden Schuhen. Haarstyling und Make-up wird gerne gesehen.

Black Tie

Dieser Dresscode ist grundsätzlich sehr förmlich und fein.

Die Herren erscheinen in schwarzen oder nachtblauen Smokings und tragen dazu ein weißes Hemd mit Fliege. Das möglichst auf die Fliege abgestimmte Einstecktuch ist ebenfalls Pflicht. Dazu sind schwarze Lacklederschuhe zu tragen.

Die Damen erscheinen im bodenlangen Abendkleid und tragen eine kleine edle Handtasche. Sollte Black Tie optional angegeben sein, ist auch ein Cocktailkleid erlaubt.

Bei Hochzeiten, die zugleich ein gesellschaftliches Ereignis sind, ist der Black Tie als Dresscode unumgänglich. Er gilt dann auch für die Party.

White Tie

Selbst der Black Tie lässt sich aber noch steigern. Dieser Dresscode, der auf der Einladung auch als »Cravate blanche« vermerkt wird, steht für die edelste aller Kleiderordnungen. Der White Tie ist bei besonders feierlichen Anlässen wie einem großen Staatsempfang oder einer Hochzeit besonders wichtiger Persönlichkeiten angemessen. Es ist damit aber nicht nur der eleganteste, sondern auch der strengste. Hier bleibt eurer Individualität so gut wie kein Spielraum mehr. Lediglich bei den modischen Accessoires könnt ihr variieren und entweder einen Zylinder aufsetzen oder eine Kopfbedeckung weglassen. Wer mag, darf zum Frack weiße Handschuhe anziehen. Was gar nicht geht, ist eine Krawatte zum Frack. Denn der große Gesellschaftsanzug erlaubt ausschließlich die weiße Fliege. Die schwarze Fliege ist, ebenso wie die schwarze Weste, ausschließlich Kellnern vorbehalten. Selbstverständlich muss es eine gebundene sein. Wer nicht genau weiß, wie man eine Fliege bindet, sollte das unbedingt vorher üben. Entsprechende Anleitungen findet man bei YouTube.

Genauso wenig gehört sich zum Frack ein Gürtel – was auch bei Smokings gilt. Die Hose zum Frack muss auch ohne sitzen, weshalb sich hier eine Maßanfertigung empfiehlt. Um den Frack kommt ihr jedenfalls nicht herum. Dazu gehört eine schwarze Hose mit einer seitlichen Ziernaht aus Seide. Sie hat keinen Aufschlag, der Saum liegt – ohne Schuhe – genau am Boden auf. Ferner trägt der Herr zum Frack schwarze Kniestrümpfe, idealerweise schwarze Lackschuhe ohne Schnürung. Denkt daran, dass zum Frack keine Armbanduhr erlaubt ist. Wer eine Uhr braucht, nimmt eine Taschenuhr, die jedoch nicht etwa in die Weste kommt, sondern ausnahmsweise in die Hosentasche. Übrigens ist beim Frack das Einstecktuch nicht üblich, darf aber, sofern es weiß ist, getragen werden. Außerdem dürft ihr zu eurem Aufzug einen weißen Seidenschal kombinieren. Exzentriker unter euch dürfen auch weiße Glacéhandschuhe tragen und, wenn ihr auffallen wollt, einen schwarzen Frackstock dabeihaben – logischerweise nicht mehr beim Dinner.

Die Dame erscheint, da es sich beim White Tie um die eleganteste Kleiderordnung handelt, in ihrem edelsten Abendkleid, das bodenlang ist und mit passenden Handschuhen getragen werden kann. Allerdings sind weder grelle Farben noch bunte Muster gestattet. Ein Diadem sorgt ebenso für individuellen Glanz wie eine wertvolle Halskette. Auch der übrige Schmuck kann frei gewählt sein – vorausgesetzt, er ist echt. Es ist eine Frage des Geschmacks, ihn dennoch nicht zu protzig zu gestalten. Zum

Abendkleid gehören selbstverständlich geschlossene Pumps, deren Absätze nicht höher als sieben Zentimeter, aber auch nicht niedriger als vier sein dürfen. Erlaubt sind auch zum Kleid farblich passende, geschlossene High Heels oder schicke Sandaletten mit einem Absatz von bis zu sechs Zentimetern.

Nackte Beine verbieten sich von selbst, egal wie schön und gepflegt sie sind. Deshalb sollten hautfarbene Feinstrumpfhosen oder besser noch ebensolche Seidenstrümpfe gewählt werden. Falls ihr keinen Kurzhaarschnitt tragt, macht euch eine Hochsteckfrisur. Der Lippenstift ist farblich auf den Nagellack abgestimmt. Und verzichtet bitte auf allzu schweres, auffälliges Parfum.

Erlaubt sind des Weiteren eine elegante Stola, die, wenn es zu warm wird, abgelegt werden darf, oder ein kurzes, edles Jäckchen zum Überziehen, falls es mal kühl wird. Auf keinen Fall dürfen grobe Strick- oder Häkelstolen dazu kombiniert werden. Auch Mäntel gehören hier nicht hin.

DIE FÜNF GOLDENEN REGELN —
FÜR ALLES GEWAPPNET

J e wohler sich die Gäste fühlen, desto besser die Stimmung. Sorgt deshalb dafür, dass es ihnen an nichts fehlt. Zunächst sollte man bedenken, dass einige Gäste bei ihrer Ankunft noch überhaupt nichts gegessen haben, andere hingegen bereits ein reichhaltiges Frühstück eingenommen haben. Manche Gäste hatten vielleicht eine lange Anreise: Sorgt dafür, dass sie sich frisch machen können. Serviert ihnen einen Snack, falls es bis zum Essen noch lange dauert. Denkt auch an eure kleinen Gäste. Haltet immer etwas zu essen und zu spielen für sie bereit. Und bringen Gäste zum Beispiel einen Hund mit, denkt daran, auch für ihn zu sorgen. Diese fünf goldenen Regeln werden euch helfen, eure Gäste glücklich zu machen:

Der Gast darf nicht frieren

Selbstverständlich habt ihr die Vorhersage verfolgt. Trotzdem: Wetter ist gottgegeben. Glaubt mir, die Wahrscheinlichkeit, dass es an eurem Hochzeitstag nicht so will wie ihr, ist hoch. Stellt euch vor, die Gäste müssen von einem Bootsanleger in die Hochzeits-Location. An sich ist das ja ein toller Auftakt für ein Fest. Nur was, wenn es plötzlich zu regnen anfängt? Oder der Weg nach einem Schauer matschig und rutschig ist? Im Nu sind alle nass, die Klamotten stocken, vor allem die Frauen frieren. In solch einer Garderobe mag doch niemand mehr feiern, und das geht auch gar nicht. Also müsst ihr dafür gesorgt haben, dass der Weg im Notfall eine Überdachung erhält. Am besten, bevor es regnet, sonst ist der Boden schon bei der Ankunft komplett aufgeweicht – und das bei langem Hochzeitskleid und edlen Anzügen. Regenschirme bringen euch hier nicht weiter. Da könnt ihr gleich mal los und Gummistiefel zum Überstülpen besorgen und die Damen huckepack nehmen.

Selbst in der marokkanischen Wüste oder am Strand von Florida habe ich es schon erlebt: Regen oder Sturm können einfach immer und überall dazwischenplatzen. Als ich einmal selbst zu Gast auf einer Hochzeit war, mitten in der Wüste von Marokko, mussten wir von unseren Shuttle-Jeeps bis ins Wüstenzelt einige Minuten zu Fuß gehen. Es war wirklich zauberhaft, doch just in diesem Moment fing es an zu regnen. In Marokko. In der Wüste. Verrückt, oder? Die dünnen Abendkleider nass, die zarten Riemchensandalen ebenso. Alles blieb den ganzen restlichen Abend klamm, zumal es nachts in der Wüste wirklich richtig kalt wird.

Was also müsst ihr bedenken, damit eure Gäste nicht frieren? Zum Beispiel, dass für den Notfall nicht nur Zelte bereitstehen, sondern auch ein Schub Regenschirme und Regenplanen auf Vorrat. Oder, wie gesagt, eine gute Abdeckung. Denn wenn der Wind, während es schüttet, von der Seite pfeift, ist die herrlichste Garderobe im Nu klitschnass.

Wenn ihr ohnehin eine Feier mit Zelt geplant habt, solltet ihr darauf achten, dass es sich beheizen lässt. Auch im Sommer, wenn es nachts etwas abkühlt, werden es alle Damen euch danken, wenn ihr Decken draußen auslegt, noch schöner: Pashmina-Schals. Die edlen Stücke werden das reine Entzücken hervorrufen und eignen sich, vielleicht sogar mit einem eingestickten Monogramm, perfekt als Giveaway. Ihr könnt mit diesen Schals sogar einen Designeffekt erzielen, wenn ihr sie farblich ans Gesamtkonzept anpasst. Wenn ihr euch später die Bilder der sich einkuschelnden »Gästinnen« anschaut, werdet ihr ein zusätzliches Vergnügen haben.

Dem Gast darf nicht zu heiß sein

So etwas passiert aus den unvorhersehbarsten Gründen. Zum Beispiel hatte eine Freundin von mir einen grandiosen Ballsaal gemietet – zauberhaftes Dekor, alles passte. Nur hatte sie nicht bedacht, dass es zwar eine Wahnsinns-Atmo ergibt, wenn zum Essen fünfhundert Kerzen brennen, dass es dann aber auch irre heiß wird. Dazu noch die Körperwärme von zweihundert Personen – die Männer im engen Smoking, die Frauen in festlichen Kleidern. Und das an einem heißen Augustabend. Also bitte, überlegt euch gut, ob ihr im Hochsommer auf so viele Kerzen oder andere verborgene Wärmequellen bestehen wollt.

Was solltet ihr noch bedenken, damit eure Gäste nicht unnö-tigerweise schwitzen? Im Grunde lässt sich diese Frage sehr ein-fach beantworten: Ein guter Wedding-Planer achtet besonders bei Sommer-Hochzeiten im Süden darauf, dass es eine funktio-nierende Klimaanlage gibt. Er lässt sich das vorher versichern, am besten zeigen. Falls keine vorinstalliert ist, wird eine ange-fordert, was Liefer- und Aufbauzeiten erhöht. Und stellt zudem genügend dekorative Behälter mit Eiswürfeln auf, die ohnedies immer wieder zum Kühlen der Drinks gebraucht werden.

Der Gast darf nicht durstig sein

Apropos Drinks: Lasst auf jeden Fall genügend Wasserspender aufstellen, aus denen man sich jederzeit bedienen kann. Optimal ist es, wenn die einen natürliches, die anderen mit Kohlensäure versetztes Wasser enthalten. Besonders schön und sehr beliebt sind große Karaffen oder Spender mit aromatisiertem Wasser, in dem Ingredienzien wie Orangenstücke, Minz- oder Waldmeis-terblätter, Zitronenschalen oder Gurkenscheiben schwimmen. Prinzipiell sind der Fantasie keine Grenzen gesetzt. Im Sommer stehen dazu Schalen mit gestoßenem Eis bereit. Kleiner Extra-Tipp: essbare Blüten in Eiswürfeln. Es gibt sogar Dienstleister, die sich darauf spezialisiert haben und euch gerne beliefern.

Begrüßt die Gäste ruhig schon mal mit vorbereiteten und auf-gereihten Aperitifs, das hebt die Stimmung. Oder, um es salopp auszudrücken: Wenn die Lampen an sind, dreht man die Puppen besser. Bedenkt aber, dass manche, die noch von alter Schule sind, mit den Gläsern in der Hand darauf warten, dass jemand das Zeichen zum Anstoßen gibt – während sie in der brütenden Sommerhitze allmählich austrocknen. Hebt daher am besten gleich zu Anfang euer Glas. Dann können alle Anwesenden schon mal nippen und die nachfolgenden Gäste sehen: Ah, es ist schon so weit!

Und noch was: Zu einer Hochzeit gehören Bubbles! Wenn ihr euch für einen Champagnerempfang entscheidet, besteht bei den Verantwortlichen darauf, dass dieser auf jeden Fall knackig kalt serviert wird – das bedeutet sechs bis neun Grad. Achtet auch auf eine optimale Absprache mit dem Veranstalter. Schließlich könntet ihr euch auf dem Weg zur Location verspäten, dann wäre der Champagner bereits geöffnet und verliert Kohlensäure oder wird warm. Ebenso wenig möchtet ihr, dass die Bedienung erst mit dem Öffnen und Einschenken beginnt, wenn alle Gäste längst eingetroffen sind.

Der Gast darf nicht hungrig sein

Das müsst ihr vor allem dann im Kopf behalten, wenn mehrere Reden geschwungen werden sollen. Die hört man einfach lieber, wenn man nicht ständig ans Essen denken muss. Außerdem kann es sehr stören, wenn der Magen des Nachbarn in die festliche Ansprache hineinknurrt. Und habt ihr etwa schon mal ein rauschendes Fest in einem Askese-Kloster oder einem Kurhotel erlebt? Eben.

Denkt auch an die Kinder, die mit dem Essen sehr heikel sein können. Und nehmt bitte Rücksicht auf die Befindlichkeiten und Unverträglichkeiten eurer Gäste. Stellt euch nur mal vor, zu eurer Hochzeit muss ein Krankenwagen oder der Arzt gerufen werden, weil jemand eine Haselnussallergie hat und einen anaphylaktischen Schock erleidet. Das will wirklich niemand. Ganz abgesehen davon, dass so ein Zwischenfall den Zeitplan komplett durcheinanderbringen würde: Wer könnte sich nach so einem Vorfall noch guten Gewissens dazu überwinden, weiterzufeiern?

Spezielle Ernährungsbedürfnisse und Allergien lassen sich am besten zuvor auf der Antwortkarte der Einladungen abfragen. So zeigt ihr euren Gästen, dass ihr euch über sie Gedanken macht und sie wertschätzt. Doch auch Essensvorlieben und Abneigungen gegen bestimmte Nahrungsmittel solltet ihr berücksichtigen. Selbstverständlich beinhaltet das Angebot auch vegetarisches Essen. Seid besser zurückhaltend mit Gerichten, die aus Innereien hergestellt sind, da gibt es oftmals große Abneigungen. Aber denkt daran, dass es auch Fleischesser gibt. Ihr wollt auf eurer Hochzeit die Geladenen ja bewirten und nicht belehren. Es wird die Stimmung enorm heben, wenn sich kein Gast bevormundet fühlt. Im Ernst, eure Hochzeit ist ein Fest, und zwar für alle, keine Mission. Tut euch also selbst den Gefallen. Es wird euch mit großer Freude entgolten werden.

Jetzt aber zur fünften, der wichtigsten Regel, einem *absoluten* Gebot:

Den Gästen darf nicht langweilig sein

Ob das der Fall ist, merkt ihr spätestens daran, wenn mehr als einer von ihnen verstohlen auf seinem Handy herumtippt. Tun es zehn, ist die Katastrophe bereits im Gange. Punkt.

Seid euch darüber im Klaren, dass die Aufmerksamkeitsspanne heutzutage nurmehr wenige Sekunden beträgt. Bei den Millennials würde ich sogar behaupten, nur noch Nanosekunden. Deshalb bereiten schon relativ kurze Reden, vor allem, wenn mehrere hintereinander folgen, den meisten Gästen Konzentrationsschwierigkeiten. Das kann man beklagen, ist aber eine Tatsache. Hochzeiten sind nun einmal keine Übungsveranstaltungen in Meditation. Zumal ihr von den meisten Rednern nicht verlangen könnt, dass sie ihre Geschichte mit Witz und überraschenden Pointen vortragen können. Es sind schließlich eure Freunde und Verwandten, die dort sprechen, keine Profis. Nicht jeder kann oder mag einen professionellen Redenschreiber beauftragen und dazu noch ein Moderationstraining absolvieren.

Abgesehen davon geht der Trend auch immer mehr in Richtung Entertainment. Heutzutage muss man sich so einiges einfallen lassen, um seine Gäste zu überraschen, und zwar auf mehreren Ebenen. Das geht beim Amuse-Gueule los – ein appetitanregender Gruß aus der Küche, den mittlerweile jeder kennt. Im Gegensatz dazu noch wenig verbreitet, aber überaus wirkungsvoll, wenn es um »Aha-Effekte« geht, ist zum Beispiel eine Art »musikalisches Amuse-Gueule«: Während die Gäste ihre Sitzplätze suchen, hören sie nicht das übliche Lounge-

Geplänkel, sondern bekommen von der Band, quasi als Häppchen, zwei fetzige Stücke serviert. Wenn das Seating bereits derart prickelt, kribbelt es eure Gäste enorm! Dank solcher Einlagen spüren alle eine große Vorfreude auf die Band und können es kaum erwarten, dass sie nach dem Essen aufspielt.

Darauf kommt es an, und darauf achte ich bei jeder Hochzeit: dass Spannung erzeugt wird – und auch gehalten. Wenn euch das gelingt, habt ihr das Fest im Grunde schon in der Tasche.

Ein Überraschungseffekt ist mir auf einer Hochzeit gelungen, bei der ich auf »emotionales Catering« gesetzt habe. Der Bräutigam war passionierter Schachspieler. Also haben wir nicht die üblichen Kellner mit schnöden Tabletts geschickt, um die Canapés zu servieren, sondern verwandelten das Service-Personal in futuristische Schachfiguren, die Amuse-Gueules auf Schachbrettern durch den Raum trugen. Kam sehr gut an.

Schließlich noch ein paar Hinweise für Gäste mit Kindern: Wenn der Nachwuchs quengelt, werden die Eltern das Fest womöglich frühzeitig verlassen. Um sicherzugehen, dass alle Anwesenden sich gut unterhalten fühlen, versteht es sich von selbst, dass auch den Kindern nicht langweilig sein darf. Achtet aber darauf, dass die kleinen Gäste andere Bedürfnisse in puncto Essen und Entertainment haben. Das Abendessen für sie darf gerne früh starten und sollte auch nicht so lange dauern wie das der Erwachsenen. Ideal wäre eine Kinderbetreuung, die im Laufe des Abends in einem dafür vorgesehenen Raum ein Matratzenlager aufbaut, wo die Kleineren schon einschlafen können.

Besonders fürsorgliche Gastgeber organisieren auch für den nächsten Morgen einen Babysitter, damit die Eltern ausschlafen können. So könnt ihr sicher sein, dass all eure Gäste die Nacht entspannt mit euch durchtanzen. Und euch diese liebevolle Geste nie vergessen werden.

UMGANG MIT ALKOHOL –
DER STILVOLLE EXZESS

E s fällt mir immer wieder auf, wie groß die Panik bei den Frauen ist, dass der Abend vor der Hochzeit ausufern könnte. Dass die Jungs sich betrinken und schlechten Einfluss auf den Bräutigam nehmen könnten, manche dann am Samstag in der Kirche nicht fit sind, zwischen die Bänke rutschen und Schlimmeres.

Interessanterweise hat bisher wirklich jede Braut im Hinblick auf das Get-together am Freitagabend dieselbe Angst geäußert. Die schieben alle eine solche Panik, dass der Abend vor der Hochzeit ausufern könnte! Ich finde das nur schwer nachvollziehbar, ich meine, das sind doch erwachsene Menschen. Bemerkenswerterweise hatte ich noch nie einen Bräutigam bei mir sitzen, der befürchtete, dass sich die Braut mit ihren Freundinnen am Vorabend der Trauung hemmungslos betrinken würde.

In diesem Zusammenhang erinnere ich mich an eine hübsche Geschichte: Es war bei einer großen Sommerhochzeit, die Stimmung war mega. Viele Aristokraten waren darunter, und ich kann euch sagen, dass Adlige ausgesprochen trinkfest sind – jedenfalls ging die Feier bis sechs Uhr morgens. Um halb sieben rückte der Reinigungstrupp an, um sauberzumachen, den Umbau für den Brunch vorzubereiten und umzudekorieren. Doch da lag ein riesiger Berg Pashmina-Schals am Boden (ihr erinnert euch, das sind die weichen Teile, die dafür sorgen, dass eure Gäste nicht frieren). Unter diesem riesigen Kuschelberg guckte jedoch eine Hand heraus. Die Leute waren im ersten Moment einfach nur geschockt. Ich meine, woran denkt man in so einer Situation als Erstes? Szenen wie diese kennt man bestenfalls aus schwedischen Thrillern, die ohne Vorwarnung Mord und Totschlag auf eine heile Welt krachen lassen. Und möglichst beiläufig eine übel zugerichtete Leiche in einer ausgelassenen Feiergesellschaft ablegen. In dem Moment sahen manche die Schlagzeilen der Boulevardblätter wohl schon vor sich: »Mord bei Schlosshochzeit – dabei war sie so lauschig!«

Jedenfalls zogen ein paar besonders Mutige die Schals erst einmal weg, um die vermeintliche Leiche darunter freizulegen. Zum Vorschein kam ein Herr im Frack, die gebundene Fliege aufgelöst. Er lag auf dem Rücken, alle viere von sich gestreckt und schlief tief und fest. Man muss ihm zugutehalten, dass er das nahezu geräuschlos tat – er schnarchte nicht, nein, aber er war sowas von knülle! Als er zu sich kam, versuchte er sofort, auf die Füße zu springen, was ihm immerhin beim zweiten Anlauf gelang. Seine erste Frage an die verdutzte Truppe lautete: »Wo ist mein Bier?« Woraufhin er auf den Tischen einige Gläser entdeckte, in denen sich noch Reste befanden. Und trank diese kurzerhand aus. Dann torkelte er wacker aus der Szene.

Das Grandiose an diesem Mann war aber, dass er wenige Stunden später wieder in den Schuhen stand. Bester Dinge und dabei völlig klar kehrte er pünktlich um elf zurück und nahm am Brunch teil. Dafür hatte er wirklich meinen Respekt.

Deshalb mein Rat: Seht es nicht zu eng mit dem Alkohol, gerade bei den »Jungs«. Kleine Exzesse gehören dazu.

Allerdings nur, solange sie in der Lage sind – wie der obige Herr im Frack –, dabei die Contenance und Form zu wahren. Beteuerungen wie »Komisch, sonst vertrage ich eine Flasche Champagner problemlos« helfen am nächsten Tag auch nicht mehr, wenn man sich abends komplett danebenbenommen hat – sondern werden nur müde belächelt.

Daher: Was auf keinen Fall passieren sollte, ist, dass ihr euch »abschießt« und dann schon um Mitternacht im Bett liegt (oder eben Schlimmeres). Das gilt vor allem, wenn es sich um eine der beiden Hauptpersonen handelt. Ich schreibe dies nur, weil ich es hin und wieder schon erlebt habe, weniger bei Bräuten, allerdings beim Bräutigam. Dass das für die Braut so peinlich wie schmerzlich ist, kann sich jeder denken. Sicher möchte sich auf seinem eigenen Fest niemand derart verlassen fühlen, schon gar nicht am Tag der eigenen Hochzeit. In so einem Moment ist es auch nicht wirklich tröstlich, von der besten Freundin getröstet zu werden. Deshalb noch einmal besonders an die Adresse der Herren: Bitte unterschätzt nicht, wie stark Alkohol wirken kann, wenn man ohnehin schon unter Strom steht und meistens auch viel zu wenig gegessen hat. Trinkt lieber zwischendurch ein Glas Wasser oder einen Softdrink. Besonders warne ich vor

Cocktails, denen man den Alkoholgehalt durch den süßlichen Geschmack nicht anmerkt – dazu zählen auch Longdrinks wie Gin Tonic. Am besten, ihr haltet euch an eine Sorte Alkohol oder bleibt gleich beim guten Wein. Ansonsten ist es immer ganz gut, wenn Freunde ein Auge auf euch – aber auch auf andere Gäste – haben. Sie dürfen sich hin und wieder einen Rat erlauben, vielleicht mal zwischendurch ein Glas Wasser zu trinken oder einen Happen zu essen.

Ist es erst zu spät, hilft nur noch viel frisches Wasser und eine kleine Pause. Notfalls leider der diskrete Rückzug.

POLNISCHER ABGANG —
DAVONSCHLEICHEN ERWÜNSCHT

Apropos diskreter Rückzug: Ich möchte euch gerne etwas über den perfekten Abgang erzählen. Stellt euch mal kurz vor, die Band spielt einen Tusch – die Hochzeitstorte wird aufgefahren. Da tippt euch ein Gast auf die Schulter. Und sagt, dass er jetzt leider ganz überraschend nach Hause muss. Weil dem Babysitter schlecht wurde. Ihr drückt euer Bedauern aus, verabschiedet euch, wendet euch wieder der Torte zu und greift im Schein des Spotlights endlich gemeinsam zum Messer. Doch bevor ihr in die knackige Zuckerschicht einstechen könnt, tippt euch erneut jemand an, um sich zu verabschieden. Weil die Schwiegermutter morgen in aller Früh aus Düsseldorf anreist. Als ihr der bewegenden Rede eines alten Freundes lauscht, kommt der Nächste an, angereichert mit ausführlichen Erklärungen (»So sorry, hat nichts mit der Party zu tun!«) und Versprechungen (»Nächstes Mal bleiben wir länger!«) Später, beim Tanz zu eurem Lieblingssong, noch jemand. Was ich damit sagen will: Wenn euch ständig jemand daran hindert, euer Hochzeitsfest zu genießen, bringt das nicht nur den

Ablauf durcheinander und das Brautpaar aus dem Konzept. Es nervt auch unheimlich.

Ich persönlich bin daher ein bekennender Fan des sogenannten »polnischen Abgangs«. Als Expertin für Luxus-Events weiß ich, was es bedeutet, ein Fest dieser Größenordnung vorzubereiten und wie sehr man sich darauf freut, es zu genießen, wenn es endlich so weit ist. Für mich ist das beiläufige Ausklinken daher keineswegs ein Zeichen von Unhöflichkeit, sondern von großem Respekt gegenüber den Gastgebern. Man lässt sie ihr Fest genießen und stört sie nicht, damit alles im Fluss bleibt.

Der politisch unkorrekte Ausdruck »polnischer Abgang«, der die hohe Kunst des Sichdavonstehlens beschreibt, entstand in Deutschland in der Zeit nach dem Mauerfall, als man noch über sogenannte Polenwitze lachte. Jenseits unserer Grenzen schiebt jedes Land diese Sitte einer anderen Nation zu: In Polen und Frankreich sagen sie dazu »Sich auf Englisch verabschieden«, während die Engländer wiederum von einem »Irish Goodbye« sprechen oder von »A French Leave«. Die Italiener gönnen sich im Gegenzug einen »Abgang auf Französisch« (»Andarsene alla francese«) und die Franzosen – pflegten bereits Mitte des 18. Jahrhunderts die Tradition, ein Fest zu verlassen, ohne sich beim Hausherrn zu verabschieden.

Egal wo, in Europa scheinen alle das lustvolle Davonschleichen zu praktizieren, nur wir nicht. Weshalb es weder einen »Deutschen Abgang« noch einen »Abgang auf Deutsch« gibt. Kein Wunder, hierzulande wird der geordnete Rückzug häufig noch als unhöflich missverstanden. Dabei finde ich es weitaus unhöflicher, die Gastgeber alle paar Minuten mit großem

Tamtam und Winke-Winke zu behelligen. Stellt euch nur mal vor, was es für die Gastgeber bedeutet, wenn bei hundert Gästen jede einzelne Person sie beim Tanzen, Reden oder Anschneiden der Hochzeitstorte unterbricht, sie mit Abschiedsplänen behelligt und womöglich noch in ein Gespräch verwickelt.

Eine Verabschiedung reißt das Brautpaar, das im Zentrum des Geschehens steht, ständig aus irgendctwas heraus. Da können sich die beiden gleich für den restlichen Abend an die Tür stellen und jeden persönlich verabschieden, der den Saal verlässt – während die anderen ohne sie weiterfeiern. Ihr denkt, ich übertreibe? Dann rechnet mal kurz mit: Angenommen, jedes Abschiedsgespräch nähme lediglich neunzig Sekunden in Anspruch (nicht einkalkuliert sind Überredungsversuche, Smalltalk, ein letzter Absacker etc.). Das macht bei hundert Gästen sage und schreibe zweieinhalb Stunden, die das Brautpaar allein mit Verabschiedungsgeplänkel beschäftigt wäre. Und vergesst nicht: Zuvor steht man erst einmal mit Mantel in der Armbeuge da und wartet, bis das Brautpaar frei ist. Damit erregt man nicht nur Aufsehen, sondern erzeugt am Ende womöglich sogar eine Dynamik des allgemeinen Aufbruchs. Mal ehrlich: Das kann niemand wollen. Am allerwenigsten das Brautpaar.

Weitaus smarter wäre es daher, sich dezent zurückzuziehen, selbst wenn – nein, gerade weil – der Saal kocht, der Schampus fließt, die Band alles gibt. Das Brautpaar genießt das rauschende Fest, die Gäste amüsieren sich bestens. Wer jetzt aufbrechen muss, kann sich immerhin sagen: »Man soll ja gehen, wenn's am schönsten ist.« Und während Braut und Bräutigam zu ihrem Kennenlern-Song abrocken, sitzen zwei Davonschleicher womöglich bereits im Taxi auf dem Weg nach Hause – ohne Verabschiedung. Schlechte Kinderstube? Keineswegs. Alles richtig gemacht!

Gastgebern empfehle ich in dem Zusammenhang, rechtzeitig darauf hinzuweisen, wie ihr zum »polnischen Abgang« steht, um Zweifel bei zögerlichen Gästen zu beseitigen. Einen Beileger in die Einladung zu stecken, könnte allerdings plump wirken. Auch kann man schlecht Anstecker verteilen, auf denen steht: »Sagt zum Abschied bloß nicht Servus!« Gegen eine geschmackvoll gestaltete, charmante Grafik in einem hochwertigen Rahmen ist jedoch nichts einzuwenden. Diese lassen sich zum Beispiel wirkungsvoll in den Waschräumen platzieren. Wie wäre es etwa mit dem Hinweis: »Um uns den schmerzlichen Abschied von jedem Einzelnen zu erleichtern, ist es heute Abend allen Gästen ausdrücklich erlaubt, sich zu vorgerückter Stunde – wenn es denn sein muss – davonzustehlen.«

Es versteht sich von selbst, dass der grußlose Abschied sich nicht für private Essenseinladungen oder Veranstaltungen im kleinen Kreis eignet. Wer sich von Tante Hedwigs 80. Geburtstag schleicht, darf kaum auf Verständnis hoffen. Mit dem richtigen Fingerspitzengefühl hinterlässt der grußlose Abgang weder einen bitteren Nachgeschmack noch einen schlechten Eindruck, sondern im besten Fall: gar keinen Eindruck. Weil die Party ohne Unterbrechung weitergeht. Wenn ich es mir genau überlege: Womöglich spricht nicht einmal etwas dagegen, wenn sich das Brautpaar selbst heimlich davonstiehlt. Solange die Gäste ungestört weiterfeiern dürfen, der Schampus fließt und die Band weiterspielt.

Damit der Plan aufgeht, sollte man als Gast die hohe Kunst des dezenten Verschwindens bis zur Perfektion beherrschen. Das funktioniert folgendermaßen:

♡ *Diskretion wahren* – wenn es sich irgendwie vermeiden lässt, niemals ankündigen, dass man demnächst gehen wird. Außer der Begleitung natürlich (am besten einen Zeitpunkt verabreden und per Augenkontakt kommunizieren).

♡ *Richtigen Zeitpunkt wählen* – in der Regel löse ich mich unter einem Vorwand (Toilette, Telefon, Tequila) von der Gruppe oder warte eine passende Situation ab. Perfekt sind Showeinlagen, die die Aufmerksamkeit auf sich ziehen.

♡ *Entschlossenheit zeigen* – sobald ich von der Toilette oder Bar zurückkomme oder die anderen abgeschüttelt habe, begebe ich mich ohne Umwege zur Garderobe und spiele Aschenputtel: Ich verlasse das Märchenschloss, ohne zurückzuschauen.

♡ *Sich bedanken* – ein absolutes Muss, und zwar direkt am nächsten Tag. Ich bereite dazu eine besonders schöne, handgeschriebene Karte vor mit einer persönlichen Nachricht, eventuell mit Blumen oder einer kleinen Aufmerksamkeit.

DIE PLANUNG

Mit der Planung geht es selbstverständlich immer los. Allerdings ist es keine einfache Aufgabe, alle für einen Termin unter einen Hut zu bekommen. Unser Leben wird immer komplexer und globaler, Familie und Verwandte leben nicht mehr in derselben Stadt, Freunde sind auf der ganzen Welt verteilt. Männer wie Frauen sind meist voll berufstätig und dabei mobiler als je zuvor. Zumal Hochzeiten häufig über ein ganzes Wochenende angesetzt sind – schließlich reisen viele Gäste eigens aus dem Ausland an. Ihr seht schon: Die Organisation eines solchen Festes ist eine umfangreiche Angelegenheit. Nicht schlimm, wenn ihr da mal aufgeregt seid. Dürft ihr sein, wenn eure Organisation gut abgestimmt ist. Wenn ihr komplexe und zeitraubende Aufgaben an Leute delegieren könnt, die dafür ein Händchen haben. Kurz gesagt: Wenn ihr einen Profi an eurer Seite habt. Für die mentale Unterstützung und die angenehmen Seiten der Vorbereitung könnt ihr natürlich auf eure Familie zählen. Bittet auch eure Trauzeugen und Freunde um Hilfe.

Überlegt euch zunächst gemeinsam: Wie stellt ihr euch euer großes Fest vor? Was ist euch beiden am wichtigsten? Legt ihr Wert auf Tradition und klassische Festlichkeit? Stehen für euch edle, vielleicht sogar ausgefallene Gerichte im Mittelpunkt? Wollt ihr neben euren Familien sämtliche nahen und vielleicht auch ferneren Freunde dabeihaben oder soll das Ereignis sogar ein gesellschaftliches werden, in das eure Geschäftspartner mit eingebunden sind? Ist es euch lieber, ein eher intimes Fest im privaten Kreis zu verbringen? Kommt es euch darauf an, dass alles so einfach und unkompliziert wie nur möglich abläuft? Wollt ihr zu Hause feiern oder an einem besonderen Ort, vielleicht sogar im Ausland – wenn ja, wo? Zieht es euch in die Berge oder ans Meer? Habt ihr ausgefallene Wünsche, vielleicht einen gemeinsamen Lebenswunsch, den ihr teilt? Euch hierüber klar zu werden, steht ganz am Anfang, nachdem ihr euch euer Jawort privat schon gegeben und euch für ein Fest entschieden habt.

Als Hochzeitsplanerin klopfe ich in der Regel als Erstes das Folgende ab:

♡ *Dienstleister*: Informiert euch über Floristen, Stylisten, DJs und Livebands, Caterer, Lichttechnik, Zeltverleih und Kinderbetreuung, je nach Bedarf auch über Dog-Sitter in der Nähe der Location.

Sowie:

♡ *Foto- und Videografen*

♡ *Kapelle oder Kirche für die Trauzeremonie;* Gespräche mit lokalen Kirchengemeinden.

♡ *Zeremonienmeister und Redenschreiber*

♡ Ausstattung für Braut und Bräutigam, *Hochzeitsauto*

- ♡ *Location und Hotel*: ggf. Sonderkonditionen klären, Probeessen vor Ort vereinbaren

- ♡ *Hochzeitstorte*, Candy Bar, Sweet Table; spart nicht am Konditor

- ♡ *Gäste-Management*: Ansprechpartner suchen für Gastgeschenke & Co.

- ♡ *Kinderarzt* für Notfälle

- ♡ Und nicht zuletzt: besondere Ideen für den *Big Bang*

Natürlich gibt es darüber hinaus noch jede Menge andere Dinge zu bedenken, etwa das *Designkonzept* und die *Papeterie*.

Erst dann könnt ihr darangehen, das Wichtigste abzustecken, nämlich das euch zur Verfügung stehende Budget und ob es, was eure Wünsche und Visionen angeht, realistisch ist. Die Kontrolle über das Budget ist beim Wedding-Planer in besten Händen. Er führt auch die Verhandlungen mit den Dienstleistern und hat darüber hinaus stets einen Plan B in der Hinterhand. So könnt ihr euch guten Gewissens auf die schönen Dinge konzentrieren, nach dem Motto: »Concentrate on your dress, not the stress.« Wenn euch das gelingt, seid ihr auf dem richtigen Weg. Und habt genügend Zeit, euch um eure Flitterwochen zu kümmern.

BUDGET —
REALISTISCHER KOSTENCHECK

Immer wenn ich gefragt werde: »Was kostet eine Hochzeit?«, lautet meine Antwort: »Was kostet ein Auto, wie lang ist ein Stück Seil?« Was ich damit sagen will: Die Frage nach dem Preis lässt sich pauschal nicht beantworten. In dem Bereich, in dem wir uns bewegen, gibt es keine Paketpreise, keine Angebote von der Stange, hier ist alles Couture. Schließlich kommt es auf eure Wünsche an: Wollt ihr eure Gäste nicht nur bewirten, sondern sie auch übers Wochenende einladen? Sollen sie dafür über weite Strecken anreisen, was besonders kostenintensiv sein wird?

Was sich allerdings definieren lässt, sind grundsätzliche Budgettreiber, Prozentsätze, Kostenblöcke.

Es ist keine Seltenheit, dass ein Brautpaar (häufig inspiriert von Pinterest) mit einer Budgetvorstellung zu uns kommt, die absolut nicht mit seiner Vision von einer Hochzeit zu vereinbaren ist. Damit meine ich Details wie Location, Gästeanzahl, Weinauswahl, Größe der Band, Ringe, Brautkleid und so weiter. Wir als Planer verkalkulieren uns nicht. Unsere Kunden kommen jedoch häufig an den Punkt, an dem sie entweder ihr Budget nach oben oder ihre Vorstellungen nach unten anpassen müssen. Einen großen Teil des Budgets nehmen etwa Dekoration und Blumen ein. Oft bringen Kunden bereits ein paar Impressionen und eigene Vorstellungen mit. Dann klären wir erst einmal über die Kosten auf und schauen, wo sich Wunsch und Realität treffen können. Es ist ganz natürlich, dass Paare sich anfangs manchmal verkalkulieren, da sie in den seltensten Fällen schon einmal ein Fest in dieser Größenordnung organisiert haben.

Ich erkläre dann gerne erst einmal anschaulich, was es uns kostet, in einer guten Pizzeria um die Ecke essen zu gehen. Mit einem kleinen Salat als Vorspeise, einer Pizza als Hauptgang und zum Dessert ein Schokoladenküchlein mit heißem Kern. Dazu eine Flasche Wasser, ein Glas Wein, einen Espresso. So, und diesen Betrag multiplizieren wir jetzt mal mit der Anzahl der Gäste. Das verstehen unsere Kunden relativ schnell. Aber aufgepasst: Wir sprechen hier nur von einer Pizzeria – kein Champagner, kein Gala-Dinner, lediglich drei Stunden Essen und Getränke. Zum Vergleich: Bei einem Wedding-Weekend verköstigt das Brautpaar seine Gäste am Tag der Anreise, also Freitag, für rund fünf Stunden (Get-together: 19 Uhr bis 24 Uhr), am Samstag 18 Stunden (Frühstück, Trauung, Empfang I, Empfang II, Gala-Dinner und Party: 10 Uhr morgens bis 4 Uhr früh) und am Sonntag in der Regel noch einmal drei Stunden (Katerfrühstück und Freak-out: 12 Uhr bis 15 Uhr) – das ergibt 26 Stunden Vollverkostung. Wobei wir dabei noch keine Posten wie Übernachtung, Service, Live-Band, DJ, Blumen und Dekoration, Papeterie, Fotografen, Haare und Make-up und vieles mehr berücksichtigt haben. Man muss also kein Mathegenie sein, um zu umreißen, wohin die Reise geht. Natürlich kann beim Essen ebenso variiert werden wie bei anderen Posten. Die Optionen reichen vom aufwendigen Fünf-Gänge-Menü mit Hummer und Kaviar über ein rustikales BBQ bis hin zu traditioneller Pasta und Pizza. Die Bar kann einen lokalen Cava, aber auch eine vielfältige Karte inklusive Champagner all night long anbieten.

Darüber hinaus ist es bei der Planung wichtig, Prioritäten zu setzen. Wollt ihr auf eine Live-Band verzichten zugunsten einer opulenten Blumendekoration? Oder ist euch die Band besonders wichtig – dann setzt darauf euren Akzent und haltet euch bei den Blumen im Zaum. Behaltet stets im Blick, dass die Kosten für die Location inklusive Verpflegung und Übernachtung zwischen 50 und 65 Prozent des Gesamtbudgets ausmachen. Ich hatte gerade den Fall, dass allein die Location 100.000 gekostet hat – bei einem Gesamtbudget von 150.000 Euro sind das 66 Prozent, also zwei Drittel. Wie gesagt, dabei sind dann auch sämtliche Übernachtungen und die Verpflegung enthalten. Bei einem sehr exklusiven Festort müsst ihr euch aber gegebenenfalls bei den anderen Leistungen einschränken. Werdet euch also klar, was euch wichtig ist – in dem Fall war es eine umfassende Gastfreundschaft.

Grundkosten sind das eine. Eine Hochzeit bringt aber teils sehr viel höhere Kostenfaktoren mit sich, vor allem das Fest. Der Preis ist natürlich von der Anzahl der Gäste abhängig und davon, ob ihr die Kosten für ihren Aufenthalt und die Übernachtung übernehmen wollt. Eine wichtige Überlegung, zumal sich die Gäste mit der Antwort auf die Einladung oft Zeit lassen oder ein RSVP (Répondez s'il vous plaît / Um Antwort wird gebeten) gar nicht beantworten. Schließlich müsst ihr ja wissen, ob hundert oder fünfzig kommen, um daraufhin die passende Location auszusuchen. Daher ist und bleibt die voraussichtliche Gästeanzahl ein Kernstück für die Planung. Kalkuliert man mit sechzig Personen, kann man nicht plötzlich hundertzwanzig Gäste in einem kleinen Salon unterbringen. Hat man hingegen mit zweihundert gerechnet, wird man sich mit der Hälfte in einem Ballsaal schnell verloren fühlen. Notfalls telefoniert ihr alle rechtzeitig ab, dann könnt ihr die perfekte Location für eure Gästezahl buchen. Kalkuliert dafür aber ein realistisches Budget.

Ich habe die Budgetpläne für meine Kunden stets im Blick. Die Gesamtsumme breche ich standardmäßig runter auf die Kosten pro Gast, pro Dienstleister und stelle zusammen, welchen Anteil die einzelnen Posten prozentual ausmachen. So sieht mein Kunde sofort, wo die großen Budgettreiber liegen. Sucht er nach effektivem Einsparpotenzial, muss er nicht am Fotografen schrauben, der nur etwa ein Prozent des Gesamtbudgets ausmacht. Er sieht auf Anhieb, wie viel er pro Person für Verpflegung und Unterkunft ausgibt. Oder wie hoch die durchschnittlichen Kosten für jeden Gast insgesamt sind. Ich finde das eine interessante Kennzahl für die Gastgeber. Meistens gibt es ja eine A- und eine B-Gästeliste, und so kann man bei der Planung berücksichtigen, wer unbedingt dabei sein sollte. Und bei wem man sich noch einmal überlegt, ob man die Einladung ausspricht.

Überprüft im Laufe der Vorbereitungen immer wieder, ob ihr im Budgetrahmen seid, und nehmt gegebenenfalls Anpassungen vor. Wenn die Gästezahl doch deutlich höher wird, als ursprünglich angedacht, die spontane Entscheidung für die teurere Band und das zehnte Highlight auf dem Fest noch einmal extra zu Buche schlägt, werdet ihr euch ganz schnell übernehmen. Dann noch mal die Bremse zu ziehen, ist schwierig.

Die Kernfrage ist: Wie viel wollt ihr insgesamt ausgeben? Wenn ihr das festgelegt habt, empfehle ich auf jeden Fall, dass ihr euch eine Excel-Tabelle anlegt. So behaltet ihr die nötige Übersicht, zumal die Rechenprozesse automatisch erfolgen: Wird ein Posten herausgenommen, verändert oder kommt ein weiterer hinzu, ändert sich automatisch auch die Endsumme.

Geht immer davon aus, dass es am Ende ein bisschen teurer wird als geplant. Haltet mindestens ein Prozent des Gesamtbudgets frei, um damit unvorhergesehene Kosten zu decken.

Und vergesst nicht, das Trinkgeld für die Dienstleister einzukalkulieren. Dieser Punkt wird gerne übersehen. Natürlich nicht aus Missachtung oder Sparzwang, sondern aus Unwissenheit. Stellt euch vor, ihr geht zusammen zu einem Candle-Light-Dinner und feiert euren Jahrestag. Ihr zieht euch hübsch an, habt vielleicht sogar ein kleines Geschenk dabei. Die Kellner haben den Tisch besonders schön gedeckt. Kerzenschein. Eine Rose. Ein Glas Champagner. Das Essen war mega. Der Service hervorragend. Und am Ende kommt die Rechnung. Ist an dieser Stelle wirklich das Trinkgeld eine Frage? Für mich nicht. Eine monetäre Wertschätzung von bis zu 10 Prozent halte ich für angemessen.

Nun feiert ihr das Fest eures Lebens. Alle involvierten Dienstleister geben sich unfassbar viel Mühe, die meisten sind an dem Tag mindestens sechzehn Stunden für euch im Einsatz. An einem Wochenende. Sie sind mit dem Herzen dabei und nehmen auch einiges dafür in Kauf. Keiner von denen ist Multimillionär. Eine monetäre Anerkennung im Umschlag, eine persönliche Karte im Anschluss, eine Referenz, eine Empfehlung – es gibt viele Möglichkeiten, den Dienstleistern Wertschätzung entgegenzubringen. Das Verteilen der Umschläge würde ich einer vertrauten Person überlassen. Den Trauzeugen zum Beispiel. Das Brautpaar sollte sich an diesem Abend um nichts anderes als um sich selbst kümmern.

COUNTDOWN –
VON DER AUSWAHL DER LOCATION
BIS ZUM GROSSEN TAG

Eines vorweg: Nehmt euch ausreichend Zeit für die Planung – damit auch die Vorfreude genügend Raum bekommt.

In den kommenden Monaten wird einiges zu tun sein. Manche Aspekte, wie zum Beispiel die Ausstattung der Brautleute oder das Thema Ehevertrag, wurden bereits ausführlich beschrieben. Auf den folgenden Seiten werde ich weitere Aufgaben vorstellen.

18–24 MONATE

Die Planung der Planung

Jetzt also »Butta bei de Fische«. In aller Regel beginnt die Planung eines Hochzeitsfestes allerspätestens ein Jahr, sinnvollerweise bereits zwei Jahre zuvor. Das mag sich im ersten Moment ungewöhnlich langfristig anhören. Doch hat man erst eine bestimmte Location ins Auge gefasst, wird man feststellen, dass diese oftmals mindestens ein Jahr im Voraus ausgebucht ist.

Natürlich können auch zwölf Monate durchaus noch eine solide und für alle entspannte Vorbereitungszeit sein, die sich voller Vorfreude genießen lässt. In dem Fall steht allerdings jeder der nun folgenden Monate unter einem anderen Hauptthema, das es zu bearbeiten gilt. Für Auslandshochzeiten sollten ohnehin deutlich längere Vorbereitungszeiten zur Verfügung stehen.

Bedenkt bitte: Bei einem Hochzeitsjahr reden wir im Grunde nur von den Wochenenden zwischen Ostern und Oktober, also *von O zu O*. Allenfalls auf Mallorca – oder in den Tropen – will man womöglich noch später im Jahr heiraten. In unseren Breitengraden gibt es somit über den Daumen gepeilt gerade einmal sechs Hochzeitsmonate pro Jahr. Da die meisten Paare logischerweise am Wochenende heiraten wollen (und wegen der Anreise der Gäste auch müssen), habt ihr somit maximal 25 Wochenenden zur Verfügung – auf die sich allein in Deutschland jährlich 400.000 Hochzeiten verteilen! Meine Klienten kommen deshalb meist schon sehr früh zu mir. Zwar sind auch kürzere Planungszeiten von sechs Monaten oder gar vier Wochen vor der Hochzeit durchaus machbar. Nur sollte das Hochzeitspaar dann sehr entscheidungsfreudig sein und der Spielraum in der

Budgetplanung entsprechend groß – Express kostet eben extra. Nicht immer steht dann der Wunschort zur Verfügung. Deshalb braucht es darüber hinaus eine gehörige Portion Flexibilität.

Die Wahl der Location

Ganz am Anfang steht natürlich die Frage nach der Location – Kirche oder Kloster? Schiff oder Zug? Restaurant oder Club? Schloss oder ein abgelegenes Romantikhotel? Legt ihr Wert auf ein bestimmtes Klima, soll der Ort in den Bergen oder am Wasser liegen? Da gibt es vieles abzuwägen.

Wenn ihr in einem Hotel feiert, müsst ihr es komplett mieten. Ansonsten hagelt es spätestens um ein Uhr in der Früh Beschwerden. Ihr wollt tanzen, klar, aber andere Gäste womöglich nicht. Sie wollen ein erholsames Wochenende verbringen, ohne Lärm um die Ohren. Und nichts ist schlimmer, als wenn während eines rauschenden Festes dauernd jemand um Dämpfung der Lautstärke bittet, geschweige denn am Ende noch die Polizei auftaucht. Das wäre jedem peinlich, euch, den Gästen und den Beamten. Nein, wir wollen schalten und walten, wie wir wollen. Und dabei *entre nous* sein. Bedenkt aber: Ist ein Hotel übers Wochenende ausschließlich von euch gebucht, kann es in der Regel zumindest am Folgetag keine Zimmerbuchungen annehmen. Dadurch entstehen Ausfallkosten, die ihr mit einkalkulieren solltet. Auch deshalb ist frühzeitige Planung unumgänglich.

Falls ihr euren Traumplatz bereits gefunden haben solltet, besucht ihn nicht nur einmal. Von der ersten Planung bis zum Fest

vergeht viel Zeit, bis dahin kann sich einiges ändern. Informiert euch über die Ausstattung und die Aufteilung der Räume. Auch ob die Location über genügend Toiletten verfügt – an solche Details denkt ein liebendes Paar zunächst eher selten. Klärt ab, ob man Lärm und laute Musik machen darf, bis wann genau? Insbesondere bei alten italienischen Palazzi braucht man Klarheit, ob die Stromversorgung für alle Gewerke ausreicht oder womöglich ein Stromgenerator benötigt wird. Wenn man da die Band, die Lichtanlage, die Küche und den Toilettenwagen anschließen möchte, kommen schnell 10.000 Euro on top zusammen.

Lasst euch die Grundrisse der Location zeigen, am besten eine Kopie schicken. Und fragt unbedingt die Preise und Verfügbarkeiten ab, lasst sie euch schriftlich bestätigen.

Ungeachtet dessen, wo ihr heiratet, sollte euren Gästen eine einfache und unkomplizierte Anreise ermöglicht werden. Das heißt: keine stundenlange Weiterreise mit der Fähre oder durch die Berge. Eine gute Infrastruktur ist das A und O. So schön zum Beispiel Capri auch ist, so kompliziert ist es, dorthin zu kommen. Überlegt also: Soll der Ort gut mit dem Auto erreichbar sein oder sich in der Nähe eines Flughafens befinden? Funktioniert ein öffentlicher Shuttle vom nächsten Flughafen oder müsst ihr die Überfahrten privat organisieren? Wie sicher sind die Fährverbindungen? Gerade in der Hochsaison ist es sinnvoll, lange im Voraus zu buchen, um zu garantieren, dass alle jederzeit mitkommen. Dasselbe gilt für die Reservierung der Unterkünfte, damit alle Gäste eine Übernachtungsmöglichkeit haben.

Auf jeden Fall solltet ihr vorher eine Reise an euren Wunschort unternehmen und eine Location-Tour machen. Schaut euch die Orte um Gottes willen persönlich an. Falls ihr die Locations im Winter besichtigt, braucht ihr natürlich ein bisschen Fantasie. Berücksichtigt beispielsweise, welche Temperaturen zu eurem Termin herrschen werden, um auszuschließen, dass der Gast an dem Tag friert oder ihm zu heiß sein könnte. In den Wintermonaten kommt ihr möglicherweise gar nicht auf den Gedanken, dass ihr im Sommer eine Klimaanlage brauchen werdet.

Auch die Lärmschutz-Vorgaben sind bei der Planung der Feier zu beachten. Bei uns Deutschen würde ein frühes Ende ein solches Event in eine lahme Veranstaltung verwandeln, doch in Italien oder Spanien ist es nicht üblich, eine Hochzeit länger als bis ein Uhr in der Früh zu feiern. Prüft also lieber, ob eine Verlängerung möglich wäre.

Ebenfalls eine wichtige Frage: Wer bezahlt die Unterkunft der Gäste? Meiner Meinung nach sollte das derjenige übernehmen, der einlädt. Schließlich müsst ihr einen Übernachtungsort finden, in dem alle Gäste unterkommen – nicht nur zum Feiern, sondern eben auch zum Schlafen.

Das bedeutet wiederum, dass die komplette Location zu übernehmen ist. Denn wenn nur ein oder zwei Zimmer an andere Gäste vermietet sind, bekommt ihr ganz schnell Probleme mit dem Lärmschutz. Der ist ohnehin bei den meisten Destinationen ein großes Thema. Bis 22 Uhr geht so gut wie überall, aber danach wird die Luft schlagartig dünn. Dabei ist um diese Uhrzeit noch nicht mal das Dessert durch, geschweige denn hat die

Live-Band richtig losgelegt. Wenn es heißt, ihr sollt ab Mitternacht oder ein Uhr reingehen, könnt ihr euch vielleicht darauf einlassen. Ansonsten ist das ein echter Stimmungskiller, wenn ihr in einer lauen Sommernacht auf der Terrasse sitzt und plötzlich drinnen weitermachen sollt.

Hinzu kommt, dass ihr alles doppelt anschaffen und aufbauen müsst: die Tische inklusive Blumendekoration, die Bar, die Musik. Apropos: Stellt euch nur vor, wenn die Musiker alle reingehen sollen – was ist mit ihren Anlagen? Die lassen sich in der Regel nicht ohne Weiteres umbauen, auch die Instrumente kann man nicht einfach so umstöpseln. Dazu dann noch die Bühne. Also muss man die Technik zweimal aufbauen, draußen und drinnen, was entsprechend die Kosten erhöht. Klar, es gibt sie, diese Locations, in denen man die ganze Nacht durchfeiern kann – auf das Briefing kommt es an.

Und auf die Verfügbarkeit natürlich: Meistens finden Hochzeiten sowohl an Wochenenden als auch in der Hauptsaison statt, in der viele Locations auf Mindestumsätze und eine Mindestanzahl an Übernachtungen setzen. In der Regel vermieten Hotels in der Hauptsaison ihre Zimmer wochenweise, von Samstag bis Samstag. So wie das Schlosshotel an der Ostsee zum Beispiel, das darauf angewiesen ist. Es kann nicht nur für eine Hochzeitsgesellschaft von Freitag bis Sonntag vermieten, weil es den Rest der Woche dann gestückelt nicht mehr verkaufen kann. Deshalb werdet ihr beispielsweise ein Hotel häufig von Donnerstag bis Sonntag mieten müssen. Das ist nicht etwa eine »Abzocke«, sondern eine nachvollziehbare wirtschaftliche Argumentation.

Wer ein bisschen aufs Budget gucken möchte, sollte das Fest in der Neben- oder Zwischensaison platzieren. Da gibt es zwischen Juli, August oder Ende September teils krasse Preisunterschiede, und in Südfrankreich oder Spanien ist selbst noch das erste Oktoberwochenende oft sehr schön. Das nur mal als Tipp nebenbei.

Destination Weddings

Der Schlager ist und bleibt die Hochzeit unter der Sonne. Zu den Top-Destinations zählen nach wie vor mediterrane Länder – was für US-Amerikaner Hawaii ist, sind für die Deutschen Spanien, Italien und Frankreich. Kein Wunder: Was die meisten dort für ihre Hochzeit suchen, ist das südländische Flair – *La Dolce Vita*, *Le Savoir-vivre*. Im Süden gehen die Uhren langsamer, was für ein Hochzeitsfest (anders als für dessen Planung) ein großer Vorteil sein kann. Die Lebensfreude der Menschen ist ansteckend, der klare Sternenhimmel ein sicherer Begleiter.

Grundsätzlich ist bei Auslandshochzeiten allerdings zwischen Traum und Realität zu unterscheiden.

Einerseits liegt der Gedanke vom Hochzeitsszenario am Strand und den Füßen im Sand nahe. Dass es im Süden im Sommer aber sehr heiß werden kann und dass man mit schaulustigen Urlaubern in Badehose rechnen muss, die einem durchs Bild laufen, sollte einem ebenfalls bewusst sein. Ohnehin sind Hochzeiten am Strand nicht mehr in allen europäischen Ländern möglich. Auf den Balearen etwa sind Strandhochzeiten mittlerweile offiziell

verboten, da so gut wie alle Strände unter Naturschutz gestellt sind und außerdem öffentlich zugänglich sein müssen. Wenn es unbedingt ein Strand auf Mallorca sein soll, könnt ihr eine Location so nah an der Küste buchen, dass ihr die Trauung auf der Terrasse stattfinden lassen könnt – das Meer und den Strand unmittelbar vor euren Augen. Einfacher ist es beispielsweise in Portugal. Hier kann eine Strandhochzeit ohne Probleme umgesetzt werden, und das in einer ruhigen Bucht, wo man mit seinen Gästen ganz unter sich ist. Zudem ist das Preis-Leistungs-Verhältnis in Portugal top. Da bekommt man noch richtig viel »Bäm!« für sein Budget.

Abgesehen davon rate ich euch, offen für Neues zu bleiben. Es gibt so viele andere coole Dinge, die man im Ausland umsetzen kann, auch jenseits vom Mittelmeer. Denkt nur mal an eine romantische Märchenhochzeit in einem irischen Schloss wie dem berühmten Adare Manor. Oder eine Luxus-Hochzeit auf einer Yacht, die übers Mittelmeer cruist, wie etwa die Falcao Uno. Das mit Ungewöhnlichste, was ich je organisiert habe, war die Hochzeit in einem Privatzug: Die feiernde Gesellschaft fuhr durch die schönsten Landschaften Frankreichs.

Natürlich müsst ihr euch bei der Wahl der Location keineswegs auf die warmen Monate beschränken. Eine Hochzeit im *Winter Wonderland* ist etwas ganz Besonderes. Allein wie der glitzernde Schnee das weiße Brautkleid zum Schimmern bringt, lässt ein ganz besonderes Flair entstehen. Die zauberhafte Stimmung unterscheidet das Event nicht nur von den meisten Hochzeiten in der Sonne – es bleibt auch eindrucksvoll im Gedächtnis.

Für solche romantischen Winterhochzeiten empfehlen wir natürlich die Berge: Kitzbühel, die Schweiz, aber auch skandinavische Länder wie Finnland oder Schweden bieten eine perfekte Kulisse. Draußen wird es früh dunkel, drinnen ist alles voller Kerzenschein. Die kuschelige Atmosphäre der Location lässt sich wunderbar mit schweren Stoffen und Fellen betonen. Vielleicht gibt es eine Schlittenfahrt statt der Kutsche – und mit etwas Glück leuchten die Polarlichter statt der Lampion-Ketten. Auch für die Gäste ist eine Winterhochzeit ein einmaliges und sicher unvergessliches Erlebnis. Es kann toll mit der Thematik gespielt werden, sowohl bei der Location (zum Beispiel Gewölbe oder ehemaliger Reitstall) als auch in Bezug auf den Dresscode und den Look des Hochzeitspaares. Wie wäre es zum Beispiel mit einem Kleid à la Eiskönigin – und dem passenden Schloss?!

Herausforderungen im Ausland

Wenn ihr im Ausland heiraten wollt, müsst ihr besonders früh planen. Nicht nur der Locations wegen. Ohnehin ticken die Uhren gerade im südlichen Ausland oft komplett anders als in Deutschland. Manchmal ticken sie dort gar nicht: Viele Destinationen sind zum Beispiel über den Winter geschlossen. Da ist Geduld gefragt.

Oft sind Ämter telefonisch nicht oder nur schwer zu erreichen – das kennt ihr von unseren Behörden ja auch. Manchmal geht keiner ans Telefon oder es ist dauerbesetzt, und in den ödesten Zeiten hängt man stundenlang in der Warteschleife. Mal eben vorbeigucken könnt ihr ja schlecht. Ich spreche in solchen Fällen vom »Winterschlaf«, zum Beispiel in den Monaten Dezember und Januar in Italien. Da regnet es nämlich dauernd, was den Leuten aufs Gemüt schlägt. Da sind sie einfach nicht richtig engagiert.

Ob die standesamtliche Trauung im Ausland möglich ist, hängt wiederum vom jeweiligen Gastland ab. In einigen Ländern ist die standesamtliche Trauung deutscher Staatsangehöriger problemlos möglich. Doch in Spanien gibt es strenge Auflagen. Dort ist eine standesamtliche Trauung nur erlaubt, wenn einer der beiden Partner seit mindestens sechs Monaten in Spanien wohnt und mit seinem ersten Wohnsitz dort gemeldet ist. Das bringt natürlich einige Komplikationen mit sich. Viele Paare lassen sich daher kurz zuvor oder danach in Deutschland standesamtlich trauen und vollziehen eine freie oder kirchliche Trauung in Spanien.

Heiratet ihr im anderssprachigen Ausland, ist ein anerkannter Übersetzer ein Muss. Dabei geht es nicht nur um Freundlichkeit den Beamten gegenüber – es wird ja immerhin ein Rechtsgeschäft abgeschlossen. Wenn ihr in einem Land heiratet, in dem nicht eure eigene Sprache die Verkehrssprache ist, muss die Heiratsurkunde von einem vereidigten Dolmetscher beglaubigt werden.

Auch sonst sind Sprachbarrieren eine Herausforderung. Das beginnt schon bei den Verträgen mit ausländischen Dienstleistern, die in der Regel nicht auf Deutsch verfasst werden. Viele Dienstleister sprechen auch kaum Englisch, sodass sich die Verhandlungen für euch – zumal ihr nicht vor Ort seid – schwierig gestalten dürften. Als Wedding-Planerin mit einer Dependance auf Mallorca spreche ich fließend Spanisch und arbeite seit Jahren mit den besten Anbietern vor Ort zusammen. So kann ich für meine Klienten alle Dienstleistungen organisieren, die für eine Hochzeit benötigt werden. Wer die Organisation selbst übernehmen möchte, kommt hier um einen Dolmetscher nicht herum. Grundsätzlich sollten alle Absprachen schriftlich festgehalten werden.

Ein weiterer wichtiger Punkt bei solchen *Destination Weddings* sind mögliche Sprachbarrieren zwischen den Familien. Ist die gewählte Destination das Heimatland von Braut oder Bräutigam, ist davon auszugehen, dass nicht alle Gäste Deutsch oder Englisch sprechen. Daher sollte nicht nur der Trauredner möglichst zweisprachig sein, ebenso sollten das Kirchenheft und die übrige Papeterie wie Menükarten oder Programmhefte in zwei der wichtigsten Sprachen angefertigt werden, die den Gästen geläufig sind.

In Ländern wie Italien oder Spanien kommt man mit Englisch oft nicht weit. In Frankreich wird quasi aus Prinzip ungern etwas anderes als Französisch gesprochen, damit kann man sich andernfalls sogar deklassieren.

Fallstrick Sitzordnung

Kommen dann verschiedene Nationalitäten zusammen, ist die ohnehin heikle Sitzordnung besonders ausschlaggebend. Sie sollte so ausgearbeitet sein, dass niemand aufgrund einer Sprachbarriere ausgegrenzt wird oder nicht mitreden kann. Bei einer, wie ich sage, »hybriden« Gästeschar hilft es mitunter enorm, Menschen zusammenzusetzen, die über ihre Nationalitäten hinaus Gemeinsamkeiten haben, sei es Musik, Sport oder Kunst. Auch junge Mütter oder Väter kommen schnell miteinander ins Gespräch, in welcher Sprache auch immer: Bei ihren Kleinen haben sie dieselben Freuden und Probleme, da wird sofort viel gelacht. Achtet dabei einerseits auf gemeinsame Interessen oder eine Altersgruppe, andererseits unbedingt auf eine gute Mischung! Wenn nämlich Paare und Familien zusammensitzen, wird natürlich gegluckt, und es kommt vermutlich nicht zu einem allgemeinen Austausch, wie ihr ihn euch wünscht. Setzt also Leute zusammen, die einander noch nicht seit Jahren kennen: Pärchen auseinander (oder gegenüber voneinander), Politikerin neben Studenten, Millionär neben Arbeitssuchende,

Professorin neben alleinerziehenden Vater und so weiter. So können neue Bekanntschaften entstehen oder nach dem Kennenlernen am Freitagabend vertieft werden. Das ist umso wichtiger bei Gästen, die ihr nicht nur aus reiner Zuneigung einladet, sondern etwa aus gesellschaftlichen Gründen. Manchmal bestimmen hier auch die Eltern noch mit, was oft dann der Fall ist, wenn traditionsgemäß der Brautvater die Hochzeitskosten trägt. Durch eine lebendige Mischung und einen regen Austausch der Gäste untereinander könnt ihr eurem Fest eine ganz persönliche Note verleihen und darüber hinaus jene ausgelassene Stimmung, die euch am Herzen liegt.

Damit jeder Gast bequem Platz findet, solltet ihr die Tische von der Form her so auswählen und gruppieren, dass genügend Bewegungsfreiheit gewährleistet ist. Komfortabel sollten auch die Stühle sein, man wird ja einige Zeit darauf sitzen müssen. Bedenken solltet ihr außerdem, wie sich die unterschiedlichen Räume jeweils auf die Anordnung der Tische auswirken. Was natürlich auch von der Anzahl eurer Gäste abhängt. Versucht in jedem Fall eine möglichst lockere Tisch-Gruppierung. Dabei sollte euer Tisch zentral stehen, sodass er von allen gesehen werden kann. Bei der Sitzordnung ist zu beachten, dass ihr so platziert seid, dass jeder Gast euch sehen kann und ihr niemandem den Rücken kehrt.

Der Sitzplan dient übrigens nicht nur den Gästen zur Orientierung. Die Küche erhält darüber hinaus die Information, wo sich Allergiker oder Vegetarier befinden. Oder etwa eine Schwangere, die weder etwas Rohes noch Alkohol zu sich nehmen möchte. Dem Service ist enorm geholfen, wenn ihr solche wichtigen Informationen im Vorfeld farblich markiert und in den Sitzplan eintragt, so ist ein reibungsloser Service gewährleistet.

Bei der Sitzordnung ist auch zu beachten, wo die Redner sitzen. Einfach am eigenen Platz aufzustehen und zu sprechen, kann man machen. Ideal ist es jedoch, wenn man einen festen Platz vorgibt, an dem im Vorfeld ein Soundcheck durchgeführt und ein Spot installiert wird. Die Licht- und Tontechniker kümmern sich darum. Wenn dann am Abend gesprochen wird, sind alle auf ihrem Posten: der Fotograf, der Videograf, Licht, Ton. Läuft.

Tipp am Rande: Um den Gästen die Suche nach ihrem Sitzplatz zu erleichtern, empfiehlt sich, ihnen beim Empfang eine *Escort Card* zu überreichen, auf der die Zuordnung zu ihrem Tisch vermerkt ist. Je nachdem, wie ihr die Kärtchen beschriftet und gruppiert, lässt sich daraus auch die Zusammensetzung der Personen am jeweiligen Tisch erkennen. Die *Place Cards*, also Platzkärtchen, stehen bekanntermaßen direkt auf den Tischen und kennzeichnen den konkreten Platz eines jeden Gastes.

12–18 MONATE

EINLADUNGEN — PERSONEN, PAPETERIE, PROGRAMM

Um den frühzeitigen Versand der Save-the-Date-Karten zu gewährleisten, müsst ihr bereits die erste Hausaufgabe erledigt haben: die ungemein bedeutende Gästeliste. Schließlich hat die Anzahl der Gäste einen maßgeblichen Einfluss auf die Wahl der Location, die auf die Größe der Gruppe zugeschnitten sein sollte.

Habt ihr ein begrenztes Budget, werdet ihr vermutlich nur euren engeren Kreis einladen, also Familie und Familienangehörige sowie Freunde und gute Bekannte. Könnt ihr über größere Summen verfügen oder sollte eure Hochzeit zugleich auch ein gesellschaftliches Event sein, werdet ihr selbstverständlich auch Kollegen und Geschäftspartner einladen. Vielleicht sogar, etwa wenn ihr in kleineren Gemeinden lebt, Nachbarn und Honoratioren. Gerade wenn die Hochzeit in eurem Heimatdorf stattfindet, wird dergleichen mehr oder weniger erwartet. Entscheidend ist hier, welchen Zweck euer Fest – außer eurem persönlichen Glück – haben soll. Dann ist gut, wenn ihr beide euch von Anfang an darüber im Klaren seid und darüber gesprochen habt.

Darüber hinaus solltet ihr klären, ob auch Kinder mit eingeladen sind. Für mich persönlich gehören sie zum Leben – und damit zu solchen Lebensfesten – unbedingt dazu. In dem Fall muss man jedoch für eine professionelle Kinderbetreuung sorgen, die optimalerweise auch am nächsten Morgen zur Verfügung steht. Manche Hochzeitspaare entscheiden sich bewusst gegen die Anwesenheit von Kindern. Dafür muss sich niemand rechtfertigen, wirklich nicht. Doch es sollte zuvor in dem Anschreiben nachvollziehbar kommuniziert werden.

Bevor ihr den ersten Schritt in Sachen Einladung macht, werdet euch also gemeinsam(!) darüber klar, wen ihr – aus welchen Gründen auch immer – besser nicht dabeihaben wollt. Achtet auf eine klare Kommunikation, wenn ihr Leute zur kirchlichen oder standesamtlichen Trauung einladet, die dann aber nicht auf dem Fest dabei sein sollen. So etwas gibt sonst meist böses Blut, weil sich diejenigen ausgeschlossen oder zurückgesetzt fühlen könnten. Mit den richtigen Worten ist es Menschen aus dem entfernteren Bekanntenkreis jedoch ohne Weiteres klarzumachen, dass sich nicht alle zwei Tage lang rundum verköstigen lassen. Ihr solltet offen darüber reden, dass irgendwo eine finanzielle Grenze ist, so etwas geht ganz menschlich: »Hör mal, am Abend unserer Hochzeitsfeier wollen die Nächsten unter sich sein, das versteht ihr sicherlich. Zur Trauung selbst hätten wir euch aber sehr, sehr gerne dabei.« Um so etwas nicht zu verstehen, muss jemand schon sehr egozentrisch sein.

Insofern ist es tatsächlich eine alternative Möglichkeit, eine große Anzahl von Gästen zur Hochzeitszeremonie einzuladen, nicht aber zum abendlichen Fest. Freilich müsst ihr dann zwei verschiedene Einladungskarten verschicken: eine für die Trauung und den Mittagsempfang, eine andere für den Abend beziehungsweis das gesamte Wochenende. Bei meinen internationalen Klienten ist es gang und gäbe, dass zweihundert Gäste zur Vermählung in die Kirche kommen, aber nur hundert zum Fest. Überhaupt wird es im Ausland oft anders gehalten als bei uns. Dennoch ist es den meisten Menschen schnell klarzumachen, dass ein Unterschied zwischen der offiziellen Zeremonie und der abendlichen privaten Zusammenkunft besteht.

Kleiner Tipp: Legt euch für die Gästeliste eine Tabelle an und ordnet die Personen, die euch einfallen, bestimmten Rubriken zu, also Familie, Freunde, Bekannte, Kollegen, Sportverein usw. Tragt dort die Namen ein, am besten mit Kontaktdaten. Vermerkt auch, wer verheiratet ist oder in einer Partnerschaft lebt und Kinder hat. Als Vorbereitung für das Essen könnt ihr hinzufügen, wer von den Gästen Allergiker, Vegetarier oder Veganer ist. Je ausführlicher eure Tabelle wird, desto einfacher habt ihr es später. Auch für die Sitzordnung beim großen Festessen kann sie ausgesprochen hilfreich sein.

Kalkuliert sicherheitshalber mit ein, dass möglicherweise die Singles unter euren Freunden ein bis zwei Jahre später bei eurem Fest keine mehr sind. Zwar könnte theoretisch auch der umgekehrte Fall eintreten, sodass sich das ausgleicht – aber das einzukalkulieren, würde an Zynismus grenzen.

Seht lieber zu, dass bei der vielen Arbeit, die zweifellos auf euch zukommt, die Vorfreude nicht zu kurz kommt. Es geht immerhin um ein Freudenfest!

Papeterie und Design

Das Thema nimmt einen großen Stellenwert ein bei einer Hochzeit. Nicht zuletzt deshalb, weil es so umfangreich ist, denn unter diesen Begriff fällt alles, was mit Papier zu tun hat. Dabei wird hier mittlerweile auch Chrom, Acryl, Glas oder Holz verarbeitet. Da haben wir zum einen die Save-the-Date- und die Einladungskarte, zum anderen die sogenannte Day-of-Papeterie, die sämtliche Drucksachen umfasst, die am Hochzeitswochenende benötigt werden. (Auf die Day-of-Papeterie gehe ich auf → S. 219 noch mal genauer ein.)

Ganz am Anfang steht die Frage, wann welche Drucksache erledigt werden muss. Dazu ist es wichtig zu wissen, dass dabei zwei unterschiedliche Dienstleister involviert sind: einer im Designprozess, einer bei der Druckabwicklung.

Die Save-the-Date-Karte geht bereits 12 bis 18 Monate zuvor in den Versand, die Einladungskarte muss 6 bis 12 Monate zuvor versandfertig sein (oder entsprechend früher, wenn ihr auf eine Save-the-Date-Karte verzichtet). Berücksichtigt dabei, dass die allgemeine Planung eurer Hochzeit hier ebenfalls eine Rolle spielt. So müssen zum Beispiel die Save-the-Date-Karte und die Einladung schon sehr früh konzipiert und gestaltet werden, damit sie rechtzeitig in Druck gehen können. Doch wie soll das funktionieren, wenn womöglich Location, Programmplan und Dresscode noch nicht feststehen und ihr noch keinen Link zum Geschenketisch habt?

Bezieht also folgende Aspekte in die Gestaltung mit ein:

Save-the-Date-Card
Namen des Brautpaars, Datum, gegebenenfalls Adresse
der Location

Einladungen
Namen, Datum, Adresse der Location
Programmplan
Dresscode
RSVP-Karten für Antwort beilegen
Geschenkewunsch
Link zu Hochzeitswebseite und Geschenketisch

Für die Gestaltung der gesamten Papeterie gibt es manches zu bedenken: Welche Beschaffenheit das Papier (Stärke, Holzfeingehalt, Färbung) oder gegebenenfalls alternative Materialien haben sollen, ob ihr einen klassischen Digitaldruck oder eine Veredelung (Folie, Lasercut oder Letterpress) wollt und ob einige der Produkte kalligrafiert sein sollen. Für die Gestaltung könnt ihr entweder eigene Entwürfe verwenden oder eine professionelle Designerin oder einen Designer beauftragen. In dem

Fall bedenkt bitte, dass es sich meistens um kleine Agenturen oder gar One-Man-Shows handelt, deren Kapazität begrenzt ist. Dasselbe gilt für die Druckereien, das sind in der Regel kleine Manufakturen, die für die Sommermonate weit im Voraus ausgebucht sind. Rechnet für einen herkömmlichen Digitaldruck fünf bis zwölf Tage. Veredelung durch Folie, Lasercut oder Letterpress dauert zwei bis drei Wochen. Express kostet extra.

Je nachdem, wie aufwendig Design und Druck werden, müsst ihr für den Design- und Produktionsprozess insgesamt etwa zwei Monate Vorlauf einplanen. Wir sprechen hier allerdings vom Zeitpunkt der Druckfreigabe, das heißt, die Entscheidungen für Design, Papier und Inhalt müssen bis dahin gefallen sein. Gehört ihr zu den Unentschlossenen, die gerne mal ein paar Nächte drüber schlafen, um sich am Ende doch ganz anders zu entscheiden, erledigt das bitte zuvor. Denn erstens ist gerade Hochsaison, zweitens seid ihr als Brautpaar ja kein Großkunde, sondern einmalige Auftraggeber. Von daher empfiehlt sich: frühzeitig das Design auswählen, den passenden Slot für den entsprechenden Zeitraum buchen und eine Anzahlung machen, dann klappt es auch planmäßig. Oder den Wedding-Planer vorschicken – für uns als Großkunden geht das natürlich einfacher und schneller. Wir bekommen zum Beispiel auch kurzfristig Termine und müssen keine Anzahlung leisten.

Save-the-Date-Karte

Nun verschickt ihr also die Ankündigung der Einladung: die Save-the-Date-Karte. Auf dieses Element würde ich an dieser Stelle gern etwas genauer eingehen. Sie ist schlichter in der Gestaltung als die Einladungskarte und richtet sich sowohl an diejenigen, die nur bei der Zeremonie und dem Mittagsempfang dabei sein sollen, als auch an die Gäste, die abends mit euch feiern. Gerade wenn es sich um eine Hochzeit im Ausland handelt, sollte diese Karte möglichst frühzeitig hinaus. So kann jeder Gast eigene private oder berufliche Verfügungen für die Zeit treffen und gegebenenfalls Urlaub nehmen. Die Gäste müssen oft nicht nur am Tag eures Festes Zeit haben, sondern, wenn sie über eine längere Strecke anreisen, auch die Tage davor und danach. Das gilt natürlich auch für die jeweiligen Partner.

Auf diese Karten kommt erst einmal – neben der Information, dass es sich um eure Hochzeit handelt – das genaue Datum und, sofern bereits bekannt, die Location. Wir haben aber auch schon Karten ohne Ortsangabe versandt. Etwa dann, wenn der Veranstaltungsort bis zur Einladung ein Geheimnis bleiben soll. Ein Schweizer Paar, das in Italien geheiratet hat, wollte seine Gäste ein bisschen auf die Folter spannen – hat geklappt. In dem Fall solltet ihr natürlich die Organisation der Anreise und Unterkunft übernehmen, da es sonst zu kurzfristig wird.

Apropos kurzfristig: Generell erhalten gerade vermögende Menschen sehr viele Einladungen, darunter auch von Hochzeitspaaren. Manche haben bereits so viele Save-the-Date-Karten bekommen, dass sie sie horten können. Ein Klient hat seinen ursprünglichen Termin sogar nachträglich um ein halbes Jahr verschoben, weil er, wie er sagte, »nicht die letzte Hochzeit im Jahr sein wollte«.

Die Hochsaison für Trauungen verfügt nur über eine begrenzte Auswahl an Wochenenden, die dafür infrage kommen. Oft haben eure Gäste und ihr auch noch denselben Freundeskreis, da sind Überschneidungen – oder gar parallele Veranstaltungen – manchmal kaum zu vermeiden. Eine Braut, mit der ich heute befreundet bin, war damals wie vor den Kopf geschlagen, als im gemeinsamen Freundeskreis die Einladungen zu einer anderen Hochzeit eintrudelten: »Jetzt haben sie mir den Tag weggenommen!«, rief sie entgeistert.

Und wie es der Teufel manchmal will, findet ein Paar eine traumhafte Location, doch dann stellt sich heraus, dass jemand aus dem allernächsten Freundeskreis genau dort schon heiratet und alles festgeschnürt hat. Da möchte man dann auch nicht mehr. Zumal es so aussähe, als hätte man selbst keine eigenen Ideen. Wie oft habe ich das schon gehört: »Meine Güte, die machen uns einfach alles nach!« Nur dass diese anderen das ebenso sehen. In jedem Fall gilt: Wer zuerst kommt, mahlt zuerst.

9–12 MONATE

DIENSTLEISTER —
BLUMEN, CATERING, FOTOGRAF, KINDERBETREUUNG, MUSIK, HOMEPAGE & CO.

Auswahl

Bitte merkt es euch: »Hire a pro, not a friend.« Ich rate euch zum Beispiel dringend zu Profi-Fotografen. Macht euer künftiger Schwieger-Neffe die Fotos, mag das süß sein, führt aber selten zu einem befriedigenden Ergebnis. Überhaupt, Geschmäcker! Da sage ich euch ja nun wirklich nichts Neues, oder? Daher sollte auch nicht die Cousine die Braut schminken. Oder die Tante die Hochzeitstafel auf eine Weise dekorieren, die sie schön findet, aber nicht ihr. Selbst wenn die Schwester des Bräutigams Floristin ist: Wird euch deshalb die künstlerische Handschrift gefallen? Wenn Onkel Erwin darauf besteht, euch in seinem Auto zur Kirche zu fahren, steckt ihr in einem Dilemma, ihr wollt den netten Mann ja nicht verletzen. Trennt Privates also vom Geschäftlichen und verlasst euch auf professionelle Dienstleister – nicht zuletzt deshalb, weil eure Freunde und Verwandten sich aufs Feiern konzentrieren sollten!

Verträge

Interessant ist hier immer auch das Kleingedruckte. Vor allem, wenn ihr einen Vertrag macht, der all-inclusive beinhaltet. Um Kost und Logis der Dienstleister sollten sich nicht die Brautleute kümmern müssen, das muss bereits im Vertrag mit dem Betreiber der Location abgeklärt werden und im ausgehandelten Preis inbegriffen sein. Nicht dass da später noch eine Rechnung über sechs Doppelzimmer für die Musiker kommt. Nur so kann man sinnvoll kalkulieren. Ähnliches gilt für die Reisekosten eurer Gäste: Am besten lässt man das von einem Reiseveranstalter als Gesamtpaket erledigen.

Bezahlung

Es ist klar, dass bei zwanzig oder dreißig Dienstleistern, die es eben braucht für eine große Hochzeit, jeder sein eigenes Süppchen kocht und andere Zahlungskonditionen hat. Ich versuche dann, die Konditionen glattzuziehen und möglichst aufeinander abzustimmen. Was ich fast immer bei meinen Klienten durchsetze: dass bei Vereinbarung eines Engagements 20 Prozent des Honorars vorab geleistet werden, 70 Prozent zwei Monate vor der Veranstaltung und die restlichen zehn Prozent innerhalb dreier Werktage nach mängelfreier Durchführung fällig werden.

Warum ich das so mache? Es ist in der Branche notwendig, die wirklich guten Leute rechtzeitig zu verpflichten. Durch die Anzahlung wird wiederum die Garantie zum Ausdruck gebracht, dass der Kunde nicht abspringt. Ich finde es daher völlig in Ordnung, dass man bereits zwei Monate vor der Veranstaltung mindestens 90 Prozent bezahlt hat und die letzte Zahlung dann im Nachhinein erfolgt. So habt ihr ein kleines Druckmittel beziehungsweise eine Verhandlungsbasis, falls wirklich einmal etwas schiefgegangen ist. Auf keinen Fall würde ich mich auf 100 Prozent Vorkasse einlassen. Achtet außerdem auf mögliche Stornogebühren, die sind ja noch mal etwas völlig anderes als die Zahlungskonditionen.

Ihr seht schon, gerade wenn ihr eine aufwendigere Hochzeit plant: Im Umgang mit Dienstleistern gibt es eine Menge zu beachten und zu tun. Ich kann daher jedem Brautpaar nur raten, diese Angelegenheiten in die Hände eines erfahrenen Wedding-Planers zu legen. Wenn ihr euch das mal überlegt: zwanzig bis dreißig Dienstleister, jeder mit unterschiedlichen Zahlungszielen – dann habt ihr im Handumdrehen neunzig bis hundert Buchungen, also Zahlungsströme. Macht euch allein diesen buchhalterischen Aufwand bewusst, und dann die Ablage. Vor allem aber müsst ihr jeden Vertrag einzeln genau durchlesen, jedes Kleingedruckte, und daraufhin mit jedem Anbieter in Verhandlung treten.

Hinzu kommt, dass die Arbeit nach dem Fest ja nicht abgeschlossen ist. Denkt mal an die Zeit nach dem Fest: Normalerweise geht es für euch ab in die Flitterwochen. Doch wer kümmert sich dann um den Abbau, wer um die Retouren? Vor allem aber, wer kümmert sich um die Bezahlung der ausstehenden Rechnungen? Das ist ein wirklich großes Feld, und es gibt immer viel Gesprächsbedarf. Die Mitarbeiter sind auch keine Roboter. Das ist, kurz gesagt, nicht immer lustig. Wenn ihr also die Hochzeitsreise angetreten habt, wer führt diese Abwicklung durch? Ihr könnt ja die Dienstleister nicht einfach zwei Wochen lang ignorieren. Ich denke mal, ihr findet genauso wie ich, dass sich so etwas nicht gehört.

Outfits

Schreibt der Dresscode etwa einen *Black Tie* vor, dann gilt dieser selbstverständlich für sämtliche Dienstleister, soweit sie auf der Feier sichtbar sind und nicht ohnehin Kellner-Livree oder Ähnliches tragen. Es geht nicht an, dass ein Fotograf in löchriger Jeans, T-Shirt und Turnschuhen ankommt und sagt, er sei ja nur der Fotograf. Immerhin läuft er die ganze Zeit durch die Szene. Bei *Fine Weddings & Parties* achten wir darauf sehr strikt. Jeder Dienstleister erhält bei Vertragsabschluss eine Anweisung, in welchem Dresscode er zur Veranstaltung erscheinen soll.

Es ist vorgekommen, dass jemand als Entschuldigung vorbrachte, er habe gar keinen Smoking. »Ja und?«, frage ich da. »Dann musst du dir eben einen ausleihen!« Wir erwarten nicht, dass jeder einen Smoking besitzt. Aber bei den Honoraren, die in der Branche üblich sind, erwarten wir, dass man sich zumindest an die Vereinbarungen hält und sich dann eben einen zulegt. Bei den Musikern ist mir so etwas übrigens noch nie passiert. Die kommen immer top gestylt.

Catering

Hunderte Kerzen brennen inmitten eines Blumenmeers, die Tische sind eingedeckt und dekoriert, die Sound- und Lichttechnik nimmt einem den Atem: Wenn der Gast am Freitagabend zum allerersten Mal den Festsaal betritt und dieses Wow-Erlebnis hat, dann sind in dieses Werk bereits Dutzende Stunden

Arbeitszeit mehrerer Teams geflossen. Damit diese Leute ihren Job mit der nötigen Energie erledigen können, brauchen sie eine angemessene Versorgung. Vergesst nicht, diese Leute arbeiten hart von früh bis spät, da ist es mit zweimal täglich Currywurst und Cola vom Imbiss um die Ecke nicht getan. Die Floristen zum Beispiel leisten einen unglaublichen Job, sechzehn Stunden pro Tag sind für die normal. Und damit für die Feier am Samstag alles steht, reisen die für den Aufbau zuständigen Leute bereits am Mittwoch, spätestens Donnerstag an. Die müssen irgendwie versorgt werden. Nach der Feier geht es selbstverständlich weiter mit dem Abbau, teilweise noch frühmorgens oder nachts. Deswegen solltet ihr immer im Hinterkopf behalten, dass, wenn die Gäste abgereist sind, die Crew immer noch da ist und arbeitet. Auch diese Menschen brauchen Nahrung.

In der Regel kommt das Essen vom selben Caterer, der die Hochzeitsgesellschaft versorgt beziehungsweise aus der Hotelküche – alles eine Frage der Planung. Natürlich sind die Speisen einfacher als das Menü für die Gäste, dennoch sollte es ausgewogen sein: genügend Kohlenhydrate, immer eine vegetarische Variante, kein Alkohol, dafür Energydrinks und Kaffee. Um die 80 Euro pro Person pro Tag für Essen und Getränke müsst ihr einkalkulieren, das solltet ihr bei eurer Budgetplanung berücksichtigen. Der Vorteil: Alle bleiben bei Kräften, bei Laune – und auf dem Gelände.

Geht ihr zum Feiern in ein Hotel, gilt natürlich das Inhouse-Prinzip – ein externer Caterer wird mit Sicherheit nicht gestattet sein. Dieser ist allerdings nötig, wenn ihr eine Eventlocation

bucht. Das ist so eine Art Festsaal, nur ohne Übernachtungs-
möglichkeiten. Zwar bevorzugen solche Veranstaltungsorte
häufig bestimmte Dienstleister und erlauben ebenfalls keine ex-
ternen Caterer. Das ist aber Verhandlungssache – jedenfalls für
uns Wedding-Planer.

Canapés

Beginnen wir mit den Canapés: Achtet bitte darauf, dass es im
Wortsinn *One-bites* sind, die man wirklich mit einem Happs in
den Mund bekommt. Bitte denkt an die Damen! Wenn sie auf
hohen Schuhen, Handtasche am Arm, zum Champagnerempf-
fang gehen. In der einen Hand das Smartphone für die Fotos, in
die andere haben sie gerade ein Champagnerglas gedrückt bekommen. So, und jetzt kommen da Kellner mit Gläschen vorbei,
aus denen die Gäste den Inhalt löffeln sollen. Und noch eine Ser-
viette unterbringen. Wie soll das gehen? Leuchtet ein, oder? Daher mein Rat: keine Häppchen, die man mit Besteck und zwei
Händen bearbeiten muss. Und bitte auch nichts, von dem man
abbeißen muss – weil sich die Damen damit nicht nur ihren Lippenstift versauen, sondern womöglich sogar ihr Outfit. Und die
Herren gegebenenfalls mit Essensresten im Bart herumlaufen.
Um solche Peinlichkeiten zu vermeiden, solltet ihr, wenn die Canapés beim Verkosten größer ausfallen, darauf bestehen: »Bitte,
wir möchten das nur ein Viertel so groß.«
In der Regel gibt es zwei Champagnerempfänge: einen direkt
nach der Trauung und einen glamourösen am Abend vor dem

Dinner. Dazwischen liegt eine Pause, an deren Ende man sich für den Abend umzieht und herrichtet. Beim ersten Empfang kann man davon ausgehen, dass die Gäste noch ein gutes Frühstück geschafft haben. Doch die Trauung liegt zeitlich oft so, dass anschließend niemand mehr zum Mittagessen kommt. Denkt deshalb daran, ausreichend Canapés und One-bites zusätzlich bereitzustellen. Da es ja anschließend auch noch die Hochzeitstorte gibt, ist es sinnvoll, sich dabei auf herzhafte Häppchen zu konzentrieren.

Mitternachtssnack

Bitte denkt ferner daran, auch einen Mitternachtssnack bereitzuhalten. Er sollte herzhaft sein und ebenfalls leicht zu handhaben. Currywurst ist übrigens der Klassiker, kommt immer wieder gut. Um die Uhrzeit sind die Leute in absoluter Feierlaune und brauchen eine Grundlage für die nächsten Drinks, damit sie noch ein bisschen durchhalten. Da hilft ein fettiger Kalorienschub immer.

Das Buffet sollte nicht zu nah an den Tischen und der Tanzfläche aufgebaut werden, damit sich niemand gestört fühlt. Ist das Buffet von zwei Seiten zugänglich, bilden sich keine allzu langen Schlangen. Klärt mit dem Caterer außerdem, ob und wie für Nachschub gesorgt wird. Es ist ernüchternd, vor leeren Platten zu stehen, nur weil man so viel Stil hatte, auf ein Buffet nicht sofort loszustürmen.

Vegetarisch & vegan

Es wird immer mehr vegetarisch und vegan gegessen. Selbstverständlich sollte man für jede deftige, fleischhaltige Speise eine durchdachte Alternative für die Vegetarier bieten. Bitte erkundigt euch daher spätestens auf der Einladungskarte, ob eure Gäste vegan oder vegetarisch essen. Ich erlebe immer wieder, dass so etwas noch zu wenig Beachtung findet. Oder dass man von Vegetariern erwartet, sich mit Beilagen zu behelfen. Ihr solltet nicht darüber diskutieren, ob ihr es gut findet oder nicht. Es geht einfach darum, dass man allen Gästen, insbesondere Minderheiten, das Gefühl gibt, dass sie gesehen und respektiert werden. Deshalb bitte darauf achten, dass die veganen und vegetarischen Gerichte mit ebensolcher Liebe zubereitet werden und von derselben Qualität sind wie alle anderen Speisen. Eure Gäste werden es euch danken.

Wenn ihr wiederum selbst ausschließlich vegane Gerichte reichen wollt, dann achtet darauf, dass diese so zubereitet werden, dass selbst überzeugte Fleischesser nichts vermissen. Das ist möglich, ich habe es selbst mehrfach erlebt. In New York gibt es zum Beispiel einen veganen Sternekoch, der ganze Hochzeiten ausrichtet. Das Essen und die Zutaten müssen natürlich entsprechend hochwertig sein. Als Vegetarier könnt ihr aber umgekehrt auch auf Nichtvegetarier Rücksicht nehmen. Ich habe erlebt, wie einige Gäste heimlich mitgebrachte Salami-Snacks auf dem Flur verspeisten. Es ist würdelos, wenn man andere dazu bringt, sich für etwas zu schämen. Ich bin daher grundsätzlich für leben und leben lassen. Eine Hochzeit ist ja keine ideologische Veranstaltung zur Missionierung eurer Mitmenschen, geschweige denn eurer Freunde. Wenn ihr also Leute einladet, die euch wichtig sind, dann möchtet ihr ihnen sicher das Gefühl geben, von Herzen willkommen zu sein. Natürlich ist es eure Hochzeit, klar. Doch wenn ich einem Veganer eine griechische Grillplatte vorsetze, verstoße ich damit gegen eine der fünf goldenen Regeln und der Gast wird hungrig bleiben. Ebenso ist es für mich normal, einem Kind ein Kindermenü zu servieren, wenn es das ist, was ihm am besten schmeckt.

Probeessen

Ich erinnere noch einmal daran, dass das Menü einen großen Teil des Budgets ausmacht. Auch deshalb steht die Budgetplanung in diesem Bereich ganz am Anfang. Setzt daher das Probeessen auf keinen Fall zu spät an. Die meisten Häuser bieten feste Hochzeitsmenüs, die man verkosten kann, um sich von der Qualität zu überzeugen. Ihr könnt aber auch Einfluss darauf nehmen – und genau das solltet ihr tun.

Ausreichend Vorlauf braucht ihr auch, falls das erste Probeessen nicht überzeugt hat und ihr einen zweiten Anlauf unternehmt. Darüber hinaus müsst ihr ja auch noch die Menükarten fertigen lassen. Das braucht Zeit, sowohl für den Entwurf als auch für den Druck, je nachdem, wie aufwendig ihr sie haben wollt. Für Letterpress mit Goldfoliendruck zum Beispiel braucht es schon mal zwei Monate. Kleiner Tipp: Bittet die Verantwortlichen für das Menü um die Endkontrolle der Drucksachen.

Open Bar

Longdrinks und Cocktails werden gereicht, wenn sich die Gäste nach dem Essen von der Hochzeitstafel erhoben haben und tanzen. Freilich eignen sie sich mitunter recht gut, selbst Tanzmuffel auf den Dancefloor zu bekommen. Allerdings sollten sie nicht zu stark sein. Es gibt sogar spezielle After-Dinner-Cocktails, etwa ein *Gin Basil Smash*.

Überlegt euch darüber hinaus ein paar wohlschmeckende alkoholfreie Alternativen, nicht nur für eure schwangeren Gäste. Macht es ihnen leicht, auf Alkohol zu verzichten. Lasst euch am besten vom jeweiligen Dienstleister oder direkt vom Barkeeper beraten, welche Ideen oder Eigenkreationen er im Angebot hat.

Ich persönlich bin übrigens ein großer Fan von Pauschalen (die Hotels sind es in der Regel nicht). Sonst bekommt ihr am Ende einen fünfzehn Kilometer langen Ausdruck aus der Registrierkasse präsentiert. In jedem Fall sollte man bei Getränke-Flatrates darauf achten, was enthalten ist und was nicht. Im Hinblick auf das Budget kommt es darauf an, ob ihr euch für einen lokalen Cava, einen spritzigen Crémant oder Champagner entscheidet. Auch hier gibt es noch einmal Unterschiede, denn die meisten Hotels haben Sonderkonditionen bei Champagnerhäusern und können daher günstiger einkaufen. Erkundigt euch, ob und mit welchen Champagnerhäusern solche Konditionen vereinbart sind.

Hochzeitstorte

Bereits im alten Rom zerbröselten die Gäste einen trockenen Mandelkuchen über den Köpfen des Brautpaars, um damit Wohlstand auf sie zu übertragen – Mehl und Zucker galten damals als wertvolle, edle Lebensmittel. Anschließend verzehrten alle die Krümel, in der Hoffnung, etwas vom Reichtum abzubekommen. In ihrer heutigen Form gibt es die Hochzeitstorte erst seit dem 19. Jahrhundert. Das hängt mit der Entwicklung der Zuckerbäckerei zusammen, in deren Folge sich der Adel zu festlichen Anlässen reich dekorierte Torten anfertigen ließ. Die berühmte Vorlage für die klassische Hochzeitstorte war ein dreistöckiges Modell, das 1859 erstmals kreiert wurde, als eine der Töchter von Queen Victoria heiratete. Damals bestanden die beiden oberen Etagen noch aus reinem Zuckerguss, weshalb die harte Spritzglasur auch als *Royal Icing* – »königliche Vereisung« – bezeichnet wird. Erst ein knappes Vierteljahrhundert später, zur Hochzeit Prinz Edwards, erhielt die dreistöckige Torte durchgehend die gleiche Füllung. Neben der dreistöckigen gibt es noch die fünfstöckige als klassische Variante. Sie steht im Christentum für die fünf zentralen Stationen des Lebens: Geburt, Kommunion/Konfirmation, Heirat, Kinder, Tod. Dass die Hochzeitstorte so oft in Marzipan gehüllt ist oder zumindest die Dekoration aus Marzipan besteht, hat ebenfalls einen traditionellen Hintergrund: Die Zutaten – Mandeln, Zucker und Rosenöl – stehen für die Bitterkeit, die Süße und die Leidenschaft der Liebe.

Aber nun zum praktischen Aspekt: Es existiert längst eine eigene Branche an Zuckerbäckern und Konditoren, die sich ausschließlich auf besondere Hochzeitstorten spezialisiert haben. In der Regel bieten sie dazu Sweet Table oder Salty Bars – alles passend zum Gesamt-Designkonzept, wirklich zauberhaft. Allerdings muss man diese Dienstleister mittlerweile zwölf Monate vorab anfragen. Was die Kalkulation für die Torte angeht, könnt ihr euch an der Faustformel »Zehn Euro pro Gast« orientieren.

Sicher habt ihr euch schon gefragt, wann der beste Zeitpunkt für das Präsentieren der Hochzeitstorte ist. Ich empfehle, sie zum Empfang nach der Trauung zu reichen – gegebenenfalls nach den Canapés. Warum? Weil das in der Regel die klassische Kaffee- und Kuchenzeit ist und auch dem Ursprung dieser Torte entspricht. Abends gibt es außerdem so viele Programmpunkte auf der Feier, dass sie dort völlig untergeht. Wird die Torte gar um Mitternacht gereicht, wenn die Stimmung gerade auf dem Höhepunkt ist, kann sie alles kaputtmachen. Dann begeben sich alle Feiernden vom Tanzparkett zur Torte, und die Luft ist raus. Glaubt mir, die Hochzeitstorte um Mitternacht ist *der* Stimmungskiller, sie gehört da einfach nicht hin. Übrigens ranken sich einige Bräuche um die Hochzeitstorte. Zum Beispiel füttern sich Braut und Bräutigam zuerst gegenseitig – das erste richtige Kuchenstück steht jedoch dem Bräutigam zu, das zweite der Braut. Das heißt nicht, dass er der Boss ist: Wer zuvor beim Anschneiden am Messer die Hand oben hält, heißt es, werde später das Sagen in der Ehe haben. Also passt auf!

Einladungskarte

Eure Save-the-Date-Karte habt ja ihr bereits abgeschickt. Nun folgt die offizielle Einladung mit allen Details. Selbstverständlich könnt ihr diese auch digital versenden. Aber denkt einmal daran, wie viele – vor allem ungewollte – Mails ihr täglich in eurem Posteingang findet! Deshalb rate ich euch zu beidem, dem digitalen *und* dem klassischen Versand durch die Post. Eine reale Einladungskarte kann ein so hinreißender Eyecatcher sein, sie kann eure Gäste derart in Vorfreude versetzen, dass niemand auf die Idee käme, sie zu verlegen oder gar wegzuwerfen. Dabei sind eurer Kreativität keinerlei Grenzen gesetzt: Die Karten können aus hochwertigem Metallic-Karton oder mit Sand gestaltet sein, in Acryl, sogar in Echtholzrahmen, ja richtige kleine Kunstwerke, deren Wert sich für Jahre hält. Überlegt euch, was am besten zu euch und zur Location passt, in der das Fest stattfinden wird: vielleicht ein Umschlag aus Samt, darin eine Karte auf Goldfolie oder Letterpress? Oder sogar als edle Box, die in hinreißender Kalligrafie beschriftet ist? Als besonderen Clou könnt ihr für den Umschlag sogar eine personalisierte Briefmarke mit einem Foto von euch gestalten.

Neben Form und Design kommt es bei eurer Einladung natürlich auf den Inhalt an. Enthalten sein sollten unbedingt Datum, Ort und Uhrzeit von Trauung und anschließendem Empfang sowie von Abendempfang, Dinner und Party. Außerdem die jeweiligen Dresscodes und gegebenenfalls Kontaktdaten eines Ansprechpartners für die Gäste (»Zeremonienmeister«). Nützlich

Lola Smith
and
Jonathan Dale

request the pleasure of your
company at their marriage

the tenth of February
two thousand seventeen
six in the evening

Private Residence
New York City

Black tie

ist auch ein Hinweis zu eurer Wunschliste oder eine Spendenbitte. Und – falls vorhanden – die URL zu eurer Hochzeits-Website.

Ganz wichtig: RSVP-Karten beilegen! Nicht nur bekommt ihr so einen Überblick über die Zusagen – mittels der RSVP-Karte könnt ihr auch Allergien und Unverträglichkeiten abfragen. Und sogar eine Playlist erstellen. Dazu hatte ein Brautpaar eine wunderbare Idee. Sie ließen Platz frei für die Antwort auf folgende Frage: »Bei welchem Song bist du ganz sicher auf der Tanzfläche?« Die Gäste trugen in die Zeile darunter ihre Lieblingssongs ein, das Paar briefte die Band – und es hat grandios funktioniert.

Kleiner Tipp: Druckt am besten eure Absender auf die RSVP-Karten, genau wie auf die Umschläge der Einladung – irgendetwas geht immer verloren.

MR. AND MRS. CLIFFORD LANE
REQUEST THE PLEASURE OF YOUR COMPANY
AT THE MARRIAGE OF THEIR DAUGHTER

Lindsi Michelle

TO

Daron Lee

SON OF MR. AND MRS. GARY WATTS

SATURDAY, THE SECOND OF JUNE
TWO THOUSAND EIGHTEEN
SEVEN O'CLOCK IN THE EVENING

SPRING PLACE
FIFTY VARICK STREET
NEW YORK CITY

DINNER AND DANCING TO FOLLOW

BLACK TIE

Hochzeits-Homepage

Was in Sachen Einladung ebenfalls empfehlenswert ist und außerdem ziemlich praktisch: eine eigene Hochzeits-Homepage. Sie hat den Vorteil, dass ihr dort euer Logo, das komplette Programm, tolle Fotos von euch, eure Kennenlerngeschichte oder andere persönliche Storys einstellen könnt. Außerdem natürlich den Link zum digitalen Geschenketisch. Und später dann die Bildergalerie mit allen Fotos und Videos der Hochzeit. Viele Paare stellen auch die Einladung und den Ablaufplan dort ein, damit die Gäste jederzeit auf ihrem Smartphone nachsehen können, was auf dem Programm steht.

Natürlich sollte die Webseite stehen, sobald der erste Gast die Einladung zugesendet bekommt. Denn auf dieser befindet sich ja ein Hinweis zu eurer – passwortgeschützten – Homepage, und das Passwort wird ebenfalls in der Einladung kommuniziert. Wenn sich dann dahinter nur ein toter Link verbirgt, rockt das nicht so wirklich.

Abgesehen davon sollte eure Seite natürlich optisch top sein. Als Wedding-Planerin habe ich entsprechende Dienstleister an der Hand, die nicht nur die Webseite für euch bauen, sondern auch eine ansprechende Gestaltung für euch entwickeln. Wenn ihr keine Berührungsängste vor dem Internet und dem Computer habt, könnt ihr eure Seite über Hoster im Baukastenprinzip selbst erstellen. Achtet vor allem darauf, dass eure Seite klar strukturiert und so aufgebaut ist, dass alle wichtigen Informationen und Inhalte ohne große Sucherei zugänglich sind.

Hochzeitsgeschenke & Geschenketisch

Die meisten meiner Kunden wünschen sich von ihren Gästen vor allem eines: dass sie ihnen die Ehre geben und gemeinsam mit ihnen feiern. Vielen geht es finanziell so gut, dass sie keine materiellen Wünsche haben. In dem Fall bitten viele um eine Spende an eine gemeinnützige Stiftung, die ihnen am Herzen liegt. Ich persönlich finde so etwas großartig. Ihr solltet dann nur einen entsprechenden Hinweis auf die Einladungskarte drucken lassen.

Ansonsten rate ich euch zu einem virtuellen Geschenketisch im Internet. Warum online? Na, weil eure Gäste nicht alle in dem Ort wohnen, wo sich euer Lieblingsladen befindet. Auf diesem Geschenketisch könnt ihr alle Dinge zusammenstellen, die ihr euch ausgesucht habt. Am Ende wird daraus eine Liste generiert, die unter einer bestimmten URL abgelegt wird. Diese braucht ihr dann nur noch auf eurer Einladung mitteilen. Nun kann jeder, der den Link erhält, ein Geschenk auswählen und bestellen. Anschließend wird die Ware als verkauft markiert, verpackt und versandt – natürlich mit einer persönlichen Grußkarte.

Das ist aus mehreren Gründen praktisch: Vergesst nicht, dass ihr die ganzen Geschenke ja auch wieder mit nach Hause nehmen müsst. Gerade bei Destination Weddings ist es schon ein bisschen absurd, wenn wertvolle, teils sperrige Dinge erst ins Ausland transportiert werden, um anschließend wieder die Rückreise anzutreten. Manches geht auf diese Weise verloren oder wird beschädigt. Erspart euch und euren Gästen also die Enttäuschung.

Manche Gäste möchten euch lieber etwas Persönliches überreichen. Da ist es hilfreich, wenn ihr ihnen ein paar Hinweise gebt. Auch die sollten in eurer Einladung enthalten sein, eventuell mit einem Ansprechpartner, der die Koordination übernimmt, um Überschneidungen zu vermeiden. Sonst rufen euch nämlich hundert, zweihundert Leute an, um sich zu erkundigen, was ihr euch wünscht. Das wird auf Dauer unbequem. Wie wäre es mit einem ausgesuchten, besonders edlen Malt-Whisky? Oder der Sonderedition eines außergewöhnlichen Coffeetable-Books, mit dem ihr immer schon mal geliebäugelt habt? Außerdem gilt: Geschenke sind umso schöner, je weniger wahrscheinlich es ist, dass ihr selbst euch die Dinge besorgt – oder beschaffen könnt. Womöglich gibt es eine limitierte Gold-Edition eurer Lieblingssänger. Vielleicht kann jemand sogar ein Autogramm dazu organisieren, mit persönlicher Widmung und Hochzeitswünschen. Auch wenn es manchmal schwierig ist, an solche Künstler ranzukommen – bei einem Hochzeitsgeschenk sind so gut wie alle dabei.

Blumen & Dekoration

99 Prozent aller Paare unterschätzen den finanziellen Aufwand für Blumen und Dekoration eklatant. Bitte rechnet damit, dass in diesen Posten 20 bis 30 Prozent eures Budgets fließen. Wenn ich eine 200.000-Euro-Hochzeit veranstalten will, darf ich nicht vom Stuhl fallen, wenn davon die Blumendekoration und die Gestaltung der Location 40/50.000 Euro ausmachen. Ich merke immer wieder, wie sehr Brautpaare sich hier verkalkulieren.

Kein Wunder, die meisten mussten noch nie zuvor Dekoration, Ausstattung und Blumen für hundertfünfzig Personen beschaffen. Sie besorgen mal einen Strauß zum Geburtstag oder für eine Einladung, aber damit ist es ja nicht getan.

Da steckt so viel Arbeit drin, allein an der Tischdekoration arbeitet ein zehnköpfiges Team einen ganzen Tag. Jede Blume wird von Hand eingeflochten, jede einzelne Blüte muss sich in voller Pracht entfalten – und zwar genau zum Zeitpunkt der Feier. Solche Produkte bekommt man nicht auf dem Großmarkt, wir arbeiten mit den besten internationalen Blumendesignern zusammen.

Die Ware wird zum Teil importiert, sie muss während des Transports gekühlt und permanent besprüht werden. Hinzu kommt der Auf- und Abbau bis hin zum Container für die Entsorgung.

Noch ein Hinweis zur Umsetzung: Die meisten Paare lassen sich für die Blumendekoration von Pinterest und Instagram inspirieren, so weit, so gut. Dabei sollte euch nur klar sein, dass dort teilweise Style-Shootings abgebildet werden, die zwar hinreißend aussehen, in Wirklichkeit jedoch nicht funktionieren. Bei solchen Szenen handelt es sich um gestellte Studio-Situationen, die mitunter per Photoshop nachbearbeitet wurden, mitunter durch Fotomontage. Ich bekam schon märchenhafte Blumenarrangements vorgelegt, die in der Realität schlichtweg umkippen würden. Wie zum Beispiel die Braut, die von zwei Lilien(!) in die Luft gehoben wurde. Oder aber die Kosten gehen ins Kosmische, und plötzlich soll man für ein Orchideen-Gebinde aus Fernost 10.000 Euro bezahlen – Stückpreis. Hatte ich auch schon. Deshalb braucht ihr Profis, die euch sagen können, ob dieses und jenes überhaupt realisierbar ist, wie groß der Aufwand ist und wie viel es dann kosten wird.

Beim Blumen- und Deko-Konzept ist es wichtig, zu überlegen, ob euer Design zur Location passt. Bei einer Hochzeit auf dem Land, in dörflichem Umfeld, sind Arrangements aus exotischen Blumen und High-Society-Ästhetik möglicherweise keine gute Idee. Maßgeblich ist natürlich auch euer Geschmack. Also eröffnet bei Pinterest ein Moodboard, auf das ihr alle Bilder, die euch gefallen, schiebt. Dieses könnt ihr anschließend freischalten, zum Beispiel für euren Wedding-Planer, den Floristen oder andere Personen, die in die Gestaltung eingebunden sind. So kann jeder sehen, was euch gefällt, und eigene Posts mit Vorschlägen darauf abstimmen.

Bei der Gelegenheit solltet ihr euch auch gleich Gedanken zu eurem Brautstrauß machen. Der Blumendesigner kennt in der Regel auch den Dresscode und das Farbkonzept der Location. Allerdings sollte der Brautstrauß nicht zwingend zur Deko passen, sondern vor allem zur Braut. Und natürlich zum Stil eures Brautkleids. Vermutlich habt ihr bereits eine eigene Vorstellung und auch schon ein paar inspirierende Beispiele auf Instagram gesehen. Dann ist es immer hilfreich, wenn ihr euch noch die Ideen anseht, die der Florist von sich aus einbringt. Vergleicht ruhig ein paar Konzepte und sucht euch den Strauß aus, der eurem Geschmack entspricht.

Abgesehen vom Budget gibt es zum Thema Dekoration noch ein paar organisatorische Aspekte zu beachten: Was die meisten Locations heutzutage an Ausstattung zu bieten haben, ist oft nicht mehr zeitgemäß. Dennoch müsst ihr nicht mit dem vorliebnehmen, was bereits vor Ort ist. Angenommen, es gäbe dort nur rote Armsessel – wollt ihr deshalb etwa gleich die komplette Location absagen? Mittlerweile bringen die Kunden das meiste selbst rein – von der Bestuhlung über Vasen bis hin zum Geschirr. Doch baut in so einem Fall dringend einen Zeitpuffer ein. Gerade wenn zum Beispiel die Stühle nur für einen Tag Mietdauer bestellt sind, kann auch mal was schiefgehen.

Dasselbe gilt für die Dekoration der Tische und die Frage, welche Tischdecken, Gläser, Platzteller und Kerzenständer es sein sollen. Wie reagiert ihr, wenn ihr die Lieferung öffnet, um die Tische einzudecken, und seht, dass ihr 200 runde statt eckiger Tischdecken geliefert bekommen habt? Wie oft ist mir das schon passiert, da geht erst einmal gar nichts mehr, bis das Problem gelöst ist. Einmal mussten wir deshalb die richtige Ware mit dem Privatjet einfliegen lassen. Es war bereits Freitagnachmittag – ein Wunder, dass wir uns überhaupt noch an den Zeitplan halten konnten. Stellt euch mal vor, wie da die Kosten explodieren (in dem Fall gingen sie auf mich). Aber wenn die Tischdecke das falsche Format hat, bis zum Boden hängt oder vom Muster her nicht zum Rest passt, dann fehlt das Glied ganz vorne in der Kette. Ihr könnt die Tische nicht eindecken, nicht dekorieren, keine Blumen arrangieren, keine Stühle dazustellen, also im Grunde überhaupt nichts aufbauen. Deshalb sorgt für einen ausreichenden Zeitpuffer. Oder einen Profi, der einen Plan B im Kopf und die entsprechenden Möglichkeiten hat, ihn umzusetzen.

Damit habt ihr auch jemanden, der den Wareneingang, eventuelle Reklamationen und die Bezahlung im Auge behält. Das ist insofern von Bedeutung, dass vieles per Vorkasse geregelt werden muss. Da stellt sich die Frage, wer die Anzahl der Stühle kontrolliert oder die Form der Tischdecken, ob die Servietten in der richtigen Farbe und Größe geliefert wurden und ob alles unbeschädigt angekommen ist. Gerade nach der Veranstaltung, wenn es um Abbau und Rückversand geht, braucht man verlässliche Menschen, die sich darum kümmern: Ist wirklich alles fehler- und mängelfrei geliefert worden und geht es so auch wieder zurück? Jemand muss die Lieferscheine prüfen und abzeichnen. Meine Güte, wenn ich mir das alles vor Augen halte: Welches Brautpaar will sich dem eigentlich aussetzen? Eben.

Fotografie

Ich sagte es bereits: Überlasst das Fotografieren den Profis. Manche Brautpaare übertragen den Job an einen Verwandten, an Freunde oder verteilen gar Einwegkameras an die Gäste. Ich bin kein Freund davon. Abgesehen von der zweifelhaften Qualität der Bilder, die euch immerhin an euren schönsten Tag erinnern werden, sollten sich die Gäste und das Brautpaar ganz und gar auf den Hochzeitstag und die Feierlichkeiten konzentrieren dürfen. Um den Rest sollten sich Leute kümmern, die etwas davon verstehen. Geht daher bitte auch nicht zu irgendeinem Fotografen, sondern engagiert einen Hochzeitsfotografen. Wenn ihr Zahnschmerzen habt, geht ihr doch auch nicht zum Orthopäden oder Kardiologen. Nur ein Hochzeitsfotograf kennt das Produkt in- und auswendig. Wer einen Profi bucht, bekommt mehr als nur das Familienfoto vor dem Kirchenportal und ein paar gestellte Aufnahmen vom Brautpaar.

Gebt den Fotografen dazu möglichst vorab die Details zum geplanten Ablauf, sodass sie sich zuvor ein paar Gedanken machen können. Sich eine Stunde lang mit dem Fotografen abzuseilen, um gestelzte Hochzeitsbilder zu machen, ist schon lange nicht mehr zeitgemäß. Heute sind Profis darauf spezialisiert, Momente oder bewegte Bilder einzufangen – ein Konzept, das man *Storytelling* nennt. Im Laufe des Tages begleitet er oder sie das Paar wie ein drittes Auge, präsent, aber unauffällig durch das gesamte Programm – angefangen bei den Vorbereitungen über das Umkleiden, die Trauung und das Paarshooting bis hin zum Hochzeitsfest. So entsteht im Laufe eines Tages eine

Fotoreportage, die unterschiedliche Momente und Szenen einfängt, ohne dass das Brautpaar in dem Moment bewusst posiert. Ich habe es immer wieder erlebt, dass später, bei der Auswahl der Fotos, plötzlich beide ausriefen: »Wow, das haben wir an dem Abend ja gar nicht gesehen!« Am beliebtesten sind Fotos in digitaler Form. Natürlich werden sie mit einem Passwort geschützt. So können die Brautpaare selbst entscheiden, wer in welchem Umfang Zugriff darauf erhält oder wem sie lieber nur eine kleinere Auswahl zeigen möchten.

Das Paarshooting ist natürlich weiterhin ein wichtiger Bestandteil, nur wird es stärker in den Ablauf integriert und dauert auch nicht mehr so lange. Optimalerweise findet es – nach einem weiteren Touch-up – vor dem zweiten Empfang statt. Denn vor, während und nach der Trauung wurde das Paar ja bereits ausgiebig im Wedding-Outfit fotografiert. Ein idealer Zeitpunkt, zum einen habt ihr beim ersten Empfang nach der Trauung bereits ein Glas Champagner auf euch getrunken, seid also schon etwas lockerer. Zudem trägt der Bräutigam dann seinen Smoking und die Braut hat sich Make-up und Frisur auffrischen lassen. Es ist übrigens keine gute Idee, Styling und Make-up für die Bilder am Hochzeitstag selbst zu übernehmen. Holt euch dazu einen Profi, die guten Fotografen arbeiten ohnehin Hand in Hand mit einem Visagisten.

Damit ihr gerade beim Paarshooting möglichst natürlich rüberkommt, überlegt euch, wie ihr als Paar körperlich miteinander umgeht, beobachtet euch eine Zeit lang selbst und versucht, das vor der Kamera umzusetzen. Nach Anweisungen zu handeln wie »Stellt euch an den Teich«, »Leg dich auf die Motorhaube«

oder »Jetzt heb mal die Susanne hoch«, wird eigentlich nie etwas. Es sieht einfach albern aus, wenn das Brautpaar vor der Kamera Dinge tut, die es im Alltag nie macht.

Meist geht das Paarshooting fließend in den zweiten Empfang über, zu dem die Leute in Abendgarderobe erscheinen. So kann das Brautpaar, wenn gewünscht, noch Erinnerungsfotos in unterschiedlichen Konstellationen mit Familie, Trauzeugen oder engsten Freunden machen lassen.

Damit all die eindrucksvollen Momente dieses Tages sich zu einem gelungenen Storytelling fügen, ist es übrigens unverzichtbar, einen zusätzlichen Set-Shooter zu engagieren. Für einen Fotografen allein ist es bei hundert Gästen sowieso schon unmöglich, alle im Blick zu behalten. Darüber hinaus sollte die Fotografin oder der Fotograf nicht permanent durch die Trauung rennen, um die Position zu wechseln. Stellt euch nur diesen Moment vor, in dem die Braut am Arm ihres Vaters in den Mittelgang tritt und den Bräutigam an diesem Tag zum ersten Mal herausgeputzt sieht – also Blickachse von dort nach da. Doch dasselbe findet andersherum natürlich auch statt, er sieht sie im Brautkleid. Diese Sekunde können nur zwei Fotografen in der gleichen Sekunde einfangen. Da kann ja schlecht einer sagen: »Bleibt mal so stehen!«, macht seinen Schuss und läuft dann für den zweiten zur anderen Seite durch die Szene.

Verschafft euch außerdem bitte einen Überblick, welche unterschiedlichen Stilrichtungen es im Bereich der Hochzeitsfotografie gibt. Schaut euch um auf Websites bekannter Hochzeitsfotografinnen und -fotografen. Wegen der rechtlichen Vorschriften können diese jedoch nicht immer alle Motive zeigen, das ist normalerweise erst möglich, wenn ihr mit dem Fotografen einen Termin vereinbart.

Lasst euch von Pinterest und Instagram inspirieren, aber nicht zu sehr beeinflussen. Auch wenn derzeit viele Hochzeitsfotografen mit sogenannten *Presets* und dafür entwickelten Filtern arbeiten: Ich persönlich würde bei der künstlerischen Handschrift eher auf einen zeitlos-eleganten Stil achten. Natürlich schaffen bestimmte Techniken, wie etwa der gerade überaus beliebte Schuss gegen die Sonne, einen hohen Wiedererkennungswert. Das spricht viele Menschen an. Andererseits unterliegen solche Presets eben auch einem Trend, der zunehmend Gefahr läuft, sich zu einem Coachella-Hipster-Einheitsbrei zu vermengen. Dass euch in zehn oder zwanzig Jahren womöglich eure Frisuren oder Outfits zum Lächeln bringen – geschenkt. Aber ihr wollt euch doch wenigstens noch selbst in dem großen Ganzen erkennen. Ein guter Fotograf wird euch immer nach eurer Motivliste befragen und welche Fotos euch besonders wichtig sind. Es ist empfehlenswert, das vorher festzuhalten.

Abgesehen davon sollte zwischen dem Fotografen oder der Fotografin und euch die Chemie stimmen, egal, ob euch deren Arbeiten bereits überzeugt haben. Niemand sonst rückt euch so nah auf die Pelle, denn die Fotografen sollten immer nah dran sein an der Braut, dem Bräutigam. Es empfiehlt sich, vorher ein persönliches Gespräch zu führen. Und wenn der Bräutigam zum Beispiel nicht will, dass der Fotograf seine künftige Frau beim Ankleiden in Unterwäsche sieht, wählt ihr eben eine Fotografin – ebenso, wenn ihr euch, etwa beim Ankleiden vor der

Kamera, unsicher fühlt. Wenn Frauen beim Getting Ready unter sich sind, kommt leichter eine Boudoir-Stimmung auf wie unter Freundinnen.

Was manchen nicht klar ist: Man bezahlt nicht nur den Arbeitsaufwand für diesen einen Tag oder das Wochenende. Die eigentliche Arbeit beginnt anschließend erst. Ein Profi-Fotograf macht an einem Wochenende zwischen 5000 und 8000 Fotos, allein das Sichten des Materials bedeutet etwa eine Woche Zeitaufwand. Dann wird die Auswahl erstellt und mit der Bearbeitung begonnen. Insgesamt ist man also zwei bis drei Wochen in Vollzeit beschäftigt. Bis eure Fotos bei euch auf dem Tisch liegen, können dennoch sechs bis acht Wochen vergehen, aber nicht, weil Fotografen so lahm sind. Sondern weil gute Leute in der Hauptsaison an fast jedem Wochenende gebucht sind und mehrere Projekte gleichzeitig managen müssen. Dadurch ist es nicht immer möglich, im Anschluss daran gleich das komplette Material zu sichten und fertigzustellen. Was ich damit sagen will: In professionelle Hochzeitsfotos muss man Geld *und* Zeit investieren. Es lohnt sich, wenn ihr später immer wieder mal in Erinnerungen schwelgen wollt.

Video

Vermutlich braucht ihr jetzt nicht unbedingt eine Drei-Stunden-Dokumentation über eure Hochzeit, aber für bestimmte Szenen sind Videoaufnahmen unersetzlich. Es ist einfach ein Unterschied, ob der Moment vor dem Traualtar, wenn ihr euch gegenseitig die Ringe ansteckt, durch ein Foto dokumentiert wird oder durch einen Clip, der die komplette Atmo mitliefert. Wenn ihr später auf dem Video seht, wie ihr euch bewegt; wenn ihr die Musik hört und dann noch eure Stimmen dazu, wenn ihr zueinander »Ja« sagt – dann macht das etwas mit euch. Hier also lieber nicht am falschen Ende sparen. Ich weiß aus eigener Erfahrung, wie wahnsinnig gerne sich später die Kinder so etwas anschauen. Und wir selbst natürlich ebenfalls. Im Zweifelsfall nicht nur am Hochzeitstag oder wenn alles prima läuft, sondern vielleicht gerade in schwierigen Zeiten. Wenn ihr euch dann zueinandersetzt, auf ein Glas Champagner und bei Kerzenschein. Wenn ihr dabei gar nicht groß diskutiert oder sprecht, sondern euch einfach diese zehn Minuten Hochzeitsvideo anguckt. Wenn ihr euch dann tief in die Augen seht – ihr glaubt nicht, wie sehr so etwas helfen kann. Könnte ich schriftlich lächeln, täte ich es hier: ☺

Als Videografen sind in der Regel übrigens bis zu drei Leute beschäftigt – je nachdem, was drauf sein soll, ob das Material gegengeschnitten wird und ob ihr Luftaufnahmen braucht. Dann wird beispielsweise aus zwei Richtungen gefilmt, darüber hinaus eine Drohne gebucht (mit jemandem, der sie bedienen kann) und bisweilen noch ein Soundtechniker. So etwas kostet natürlich extra. Stimmt euch daher in Vorgesprächen mit den Videografen, genau wie mit den Fotografen, möglichst detailliert ab, sowohl zum Ablauf als auch zum Budget.

Lichttechnik

Ich gebe zu, dies ist ein Ratschlag, den ihr gewöhnlich von Hochzeitsplanern nicht bekommt. Aber wenn euer Budget es zulässt, gönnt euch einen professionellen Lichttechniker. Darüber werden nicht nur die Fotografen glücklich sein, die sich im Vorfeld natürlich mit ihm abstimmen. In der Spielfilmindustrie hat die Beleuchtung von jeher eine tragende Rolle. In jedem Theater, bei jeder Bühnenshow ist sie eine Conditio sine qua non, warum sollte es bei einer Hochzeit anders sein? Allein schon für den Tanz des Brautpaars, wenn die Party startet, ist die richtige Beleuchtung entscheidend.

Gute Lichttechniker haben von der Sonne gelernt: Was mit euren Seelen geschieht, wenn ihr aus dem verhangenen Norden in den Süden kommt, können auch sie bewirken. Was sie sonst noch können, erkläre ich später noch im Zusammenhang mit den Vorbereitungen, die sechs bis neun Monate vor der Hochzeit anstehen.

Brautkleid

Die Suche nach dem perfekten Kleid wurde ja bereits im Kapitel Ausstattung ausführlich behandelt. Nachdem ihr also einiges über die optimalen Schnitte, schönsten Stoffe und unterschiedlichen Schleiermodelle erfahren habt, wird es nun konkret. Für den ersten Anlauf empfehle ich einen sogenannten *Multi Brand Store*. Solche Brautläden führen mehrere Marken, und ihr könnt erst einmal in verschiedene Kleider hineinschlüpfen, um zu sehen, wie sie angezogen an euch wirken. Es kommt vor, dass ein Modell auf einem Foto hinreißend rüberkommt, aber an einem selbst komplett abfällt. Zudem schneidert jedes Label anders, und es wäre schade, wenn ihr dann keine Vergleichsmöglichkeit habt.

Für die Anprobe solltet ihr euch Zeit nehmen. Vereinbart einen Termin und plant dafür mindestens zwei Stunden ein. Ohnehin arbeiten die meisten Brautläden nur noch mit Termin, man kann also nicht einfach hingehen und etwas anprobieren. Um zu verhindern, dass potenzielle Kunden sich im Geschäft beraten lassen und das Modell anschließend im Internet bestellen, gehen immer mehr Stores dazu über, für die Anproben eine kleine Gebühr zu nehmen, die im Fall einer verbindlichen Bestellung gutgeschrieben wird.

Ist das Kleid schließlich fertiggestellt, die Anprobe erfolgreich durchgeführt und das gute Stück an einem sicheren Ort verwahrt, gilt für euch: Von nun an lasst ihr es nicht mehr aus den Augen. Stellt euch nur mal vor, ihr steht am Ende trotz allem ohne Brautkleid da. Weil es nicht seinen Bestimmungsort erreicht. Jeder Braut, die im Ausland heiratet, sage ich dasselbe: Das Kleid gehört beim Flug ins Handgepäck. Nicht auszudenken, wenn das gute Stück auf dem Flug verloren geht – da kann selbst ich als Profi-Wedding-Planer mit Zauberstab und Dreamteam nicht mehr viel für euch tun.

So wie damals, als unsere wunderschöne, sehr zierliche Braut mitsamt ihrem Haute-Couture-Kleid nach Mallorca fliegen sollte. Die Sache hatte nur einen Haken: Die Robe war ein märchenhaftes Kleid im Prinzessinnen-Stil, mit extra viel Volumen. Ein majestätisches Modell mit ganz viel bauschigem Tüll, bedeckt von zarten Blumenstickereien, ein absoluter Hingucker und unfassbar romantisch. Mit ihren langen dicken schwarzen Haaren sah sie darin so zauberhaft aus wie Schneewittchen. Zierlich, wie sie war, wog das Kleid ungefähr ein Drittel ihres Körpergewichts. Das bedeutete nicht nur, dass wir dafür eine eigene Stylistin vor Ort brauchten, die das Brautkleid mit Dampf in Form bringen und der Braut hineinhelfen würde. Es hieß auch, dass es unmöglich sein würde, es im Gepäckfach über den Sitzen unterzubringen. Also blieb uns nichts anderes übrig, als für das textile Kunstwerk kurzfristig einen eigenen Sitzplatz zu buchen – was nur über die Hotline möglich war und ewig dauerte.

Doch am Ende haben wir es natürlich geschafft. Und was soll ich sagen, die Aktion hat sich gelohnt: Die Braut sah wirklich und wahrhaftig wie eine Märchenprinzessin aus, als sie ihren Prinzen im verwunschenen Palastgarten auf Mallorca heiratete.

Haare & Make-up

Schon klar, jedes Mädchen hat seinen Lieblingsfriseur. Aber kann er euch auch schminken? Und würde er für eure Hochzeit sein Geschäft schließen?

Alles nicht notwendig, es gibt schließlich genügend Brautstylisten, die sich auf solche Ereignisse spezialisiert haben, da habt

ihr alles aus einer Hand. Womöglich wollen auch noch andere Damen außer der Braut daran teilhaben. Meistens sind es die Mutter der Braut und die des Bräutigams, dazu die Trauzeuginnen und besten Freundinnen, vielleicht noch die Oma, die Cousine, die Schwester. Deshalb erstellt erst einmal eine Liste, bevor ihr euch ein Hair-&-Make-up-Angebot einholt, und schickt diese an die Anbieter, die infrage kommen.

Man glaubt es nicht, aber gute Stylisten sind teilweise über ein Jahr im Voraus ausgebucht. Deswegen sichert euch frühzeitig den Termin. Und bedenkt, dass auch diese Dienstleister irgendwo übernachten müssen. Klar, dass die Stylistin oder der Stylist euch persönlich sympathisch sein sollte. Anders als die Fotografen sind sie zwar nicht ununterbrochen anwesend, dafür rücken sie euch näher auf die Pelle. Vereinbart zuvor unbedingt einen Probetermin, das ist vollkommen üblich. Und vergesst nicht: Zu diesem Termin wird die Braut selbstverständlich als Braut geschminkt. Deshalb müsst ihr zuvor eure Hausaufgaben gemacht haben und wissen, welche Frisur euch beispielsweise gefällt. Bringt also ein bisschen Bildmaterial (von Pinterest, Instagram oder Zeitschriften) und ein paar Ideen mit. Zeigt es der Stylistin oder dem Stylisten, damit ihr mit ihnen klären könnt, ob dieses und jenes überhaupt mit eurem Typ vereinbar ist. Wichtig ist auch, dass ihr bis dahin euer Brautkleid ausgesucht habt. Denn wenn ihr den Look besprecht, ist es für die Frisur durchaus relevant, ob das Kleid ein großzügiges Dekolleté, einen tiefen Rückenausschnitt hat oder hochgeschlossen ist. Kommt ihr mit leeren Händen, werden alle Ideen erst an diesem Tag erarbeitet, was den Termin – für den in der Regel drei bis fünf Stunden angesetzt werden – enorm in die Länge zieht. Grundsätzlich wird so ein Probetermin übrigens berechnet. Allerdings ist es üblich, dass die Kosten bei einer Buchung mit dem Honorar verrechnet werden. Die Tagessätze liegen bei 1400 Euro plus Spesen. Je nachdem, wie viele weitere Damen den Service in Anspruch nehmen, muss eine Assistentin dazugebucht werden. Schließlich muss da jemand den ganzen Tag vor Ort sein und auch dort übernachten – im Prinzip ein 12-Stunden-Job.

Wenn ihr die Planung dann besprecht, vereinbart mit dem Stylisten, dass das morgendliche *Getting Ready* nicht mehr als zwei Stunden in Anspruch nimmt. Darüber hinaus wird es ungemütlich. Das Umstylen am Abend vor dem zweiten Empfang und dem Dinner dauert dann ja auch noch mal eine Stunde. Außerdem macht es einfach keinen Sinn, wenn die Braut an ihrem großen Tag allein fürs Make-up um sechs Uhr früh aufstehen muss und dann bis zum nächsten Morgen um sechs durchfeiern soll.

Kleiner Tipp für Hochzeiten im Ausland: Findet eure Hochzeit in Südfrankreich oder Spanien statt, wo es im Sommer sehr heiß ist, benötigt ihr möglicherweise andere kosmetische Produkte als sonst. Deshalb solltet ihr euch erkundigen, ob sich die Stylistin mit anderen Klimaverhältnissen auskennt. Wer möchte schon bei 35 Grad eine dicke Schicht auf dem Gesicht haben, sodass einem die Pampe ins Dekolletee läuft und am blütenweißen Ausschnitt unschöne Spuren hinterlässt.

GESTALTUNG DER TRAUUNG – VON DER ZEREMONIE BIS ZUR PARTY DANACH

Zeremonie

Die Grundfrage ist erst einmal, ob ihr eine kirchliche oder eine sogenannte freie oder weltliche Trauung zelebrieren wollt. Wenn die Brautleute unterschiedlichen Konfessionen angehören, werden diese nicht selten durch einen ökumenischen Gottesdienst miteinander verbunden. Dabei wird der Vorgabe der Traukirche gefolgt, während ein Geistlicher der anderen Konfession die Zeremonie begleitet.

Am häufigsten finden ökumenische Trauungen zwischen katholischen und evangelischen Partnern statt, aber auch wenn nur einer von beiden einem christlichen Glauben angehört, gibt es ein paar Dinge zu beachten: Neben den üblichen Unterlagen müsst ihr zum Beispiel das Firmungs- beziehungsweise Konfirmationszeugnis vorlegen. Und für den Fall, dass ein Partner katholisch ist, benötigt ihr eine sogenannte Dispens, also die Erlaubnis des Gemeindepfarrers. Sie kann einen katholischen

Ehepartner von der Pflicht befreien, die katholische Eheform nach den Vorgaben einzugehen, wie es das Sakrament erfordert. Heiratet ihr in einer anderen Gemeinde als der euren, ist außerdem das sogenannte Dimissoriale erforderlich, also eine Genehmigung der evangelischen Kirche beziehungsweise einer Pastorin oder eines Pfarrers der eigenen Ortsgemeinde. Wollt ihr von eurem Heimatpfarrer in einer anderen Kirche, etwa der Kirche des Partners, getraut werden, braucht ihr die Einwilligung des dortigen Pfarrers, eine sogenannte Delegation.

Ein fester Bestandteil bei katholisch-kirchlichen Hochzeiten sind Fürbitten. Wie bereits erwähnt, werden sie nicht von einem Geistlichen durchgeführt, sondern von Personen, die dem Brautpaar nahestehen. Fürbitten können sowohl im persönlichen Gebet als auch innerhalb der Liturgie gebetet werden. In der katholischen, orthodoxen und anglikanischen Kirche ist es Brauch, Heilige um ihre Fürsprache bei Gott zu bitten. Dies lässt sich selbstverständlich auch für eine freie Hochzeitszeremonie nutzen.

Übrigens: Als Wedding-Planer achten wir zwar aus organisatorischen Gründen darauf, dass es nicht mehr als drei oder vier Sätze pro Person werden, weil sich sonst der Ablauf immens verzögert. Doch abgesehen davon sind Fürbitten keine Traureden, daher gilt: Je knapper sie formuliert werden, desto nachhaltiger erreichen sie die Herzen der Anwesenden.

Wenn ihr im Süden heiratet, müsst ihr davon ausgehen, dass die katholischen Rituale hier fest integriert sind und sich auch nicht so leicht verändern lassen, jedenfalls nicht in den Kirchen.

Je nach zuständigem Pfarrer habt ihr aber auch bei der kirchlichen Zeremonie einige Möglichkeiten, sie nach euren Wünschen und Vorlieben individuell zu gestalten. Zum Beispiel könnt ihr euch das Lied aussuchen, das beim Einzug gespielt werden soll, und die Gebete, die gesprochen werden. Wichtig ist auch der Bibelspruch, mit dem ihr eure Eheschließung unterstreicht. Darüber solltet ihr euch mit eurem Geistlichen besprechen, mit dem ihr euch wegen der Traurede ohnedies zusammensetzt. Das ist umso wichtiger, weil der Pfarrer nur in den allerseltensten Fällen den Bräutigam und die Braut bereits von der Taufe an religiös betreut hat und entsprechend gut kennt.

Reden

Trauredner

Ganz wichtig ist hier das Thema Sprache. Wir bei *Fine Weddings & Parties* organisieren mittlerweile keine Hochzeit mehr, bei der die Gäste nicht verschiedene Sprachen sprechen. Wenn die alle anreisen, solltet ihr euch also fragen, ob ihr womöglich eine Übersetzerin oder einen Übersetzer braucht. Natürlich kann auch eine Freundin übersetzen. Alle, die nicht oder nur wenig Deutsch sprechen, werden euch das hoch anrechnen. Aber plant die Zeit dafür gut ein; die Rede wird ja quasi doppelt so lang. Wobei sie sowieso möglichst nicht länger als fünf Minuten dauern sollte.

Rede des Brautpaars

Klassischerweise halten die Brautleute, wenn alle Gäste ihre Plätze eingenommen haben, eine kleine Begrüßungsansprache, bevor die Vorspeise kommt. Ich rate immer, dabei möglichst schnell zum Punkt zu kommen. Zwei Minuten sind ganz fein – alles, was über fünf hinausgeht, ist keine Rede mehr, sondern ein Vortrag. So etwas gehört in die Uni, nicht auf ein Fest – zumal ihr noch so viele Programmpunkte und Highlights vor euch habt.

Reden der Gäste

Womit man immer rechnen sollte, sind spontane Worte aus dem Kreis der Anwesenden. Eine schöne Geste, doch sollte das Ganze zeitlich nicht ausufern. Für den Ablauf ist es ungemein wichtig, dass ihr im Vorfeld die Zeit genau kalkulieren könnt. Ich empfehle euch daher, über den Zeremonienmeister oder die Trauzeugen zu kommunizieren, dass Redner sich mindestens zwei Monate vorher anmelden sollten, damit ihr beziehungsweise der Wedding-Planer sie in den Ablaufplan aufnehmen können.

Gratulationen

Zweischneidiges Thema, ihr Lieben! Natürlich möchte euch jeder Gast direkt nach der Zeremonie persönlich beglückwünschen. Habt ihr aber, sagen wir, 100 Gäste eingeladen und jeder beansprucht nur eine halbe Minute für sich, sind wir schnell bei einer knappen Stunde, die das Brautpaar auf einer Stelle stehen muss. Angesichts der Tatsache, dass ein Champagnerempfang nach der Trauung maximal 90 Minuten dauern sollte, haben wir also ein Problem. So etwas bringt einen gut durchdachten Ablaufplan vollkommen durcheinander. Natürlich will niemand das Gratulieren abschaffen. Das Paar sollte sich nur über die zeitliche Dimension im Klaren sein. Womöglich überlegt ihr euch dazu eine kleine Ansprache und fangt das Thema so ab, dass sich niemand vor den Kopf gestoßen fühlt, aber auch kein schlechtes Gewissen haben muss, wenn er sich nicht unmittelbar nach der Trauung in die Schlange der Gratulanten einreiht. Oder ihr fahrt einfach im Anschluss an die Trauung in eurem Hochzeitsauto zum Empfang voraus.

Musik

Das Thema betrifft nicht nur den Abend der Feier, wir haben ja auch noch den Freitagabend. Und die Trauung. Und am Samstag die beiden Empfänge. Für Freunde der klassischen Musik ist zum Beispiel ein Streichquartett sehr schön, zumindest im Rahmen des eigentlichen Festaktes. Danach beim Champagnerempfang wollt ihr eher eine dezente Untermalung, bevor später alle auf der Party abrocken. Dafür eignet sich wunderbar ein Saxophon. Überhaupt: Je leichter ein Instrument zu transportieren und zu handhaben ist, desto vielfältiger können die Musiker eingesetzt werden oder sogar die Gesellschaft von einem Ort zum nächsten begleiten.

Übrigens: Wenn ihr eine größere Band engagiert habt, könnt ihr mit den Musikern selbstverständlich ausmachen, dass zum Beispiel ein oder zwei der Sängerinnen bei der Trauzeremonie etwa einen Gospel vortragen oder etwas anderes, das zu Herzen geht. Gern auch *a cappella*, also ohne instrumentale Begleitung – das geht direkt unter die Haut.

Musikalische Untermalung bei der Trauung

Besonders für den Einzug in die Kirche, aber auch ins Standesamt, empfehle ich klassische Musik. Sie hat einen sehr festlichen Charakter und macht dadurch den musikalischen Part der Hochzeitszeremonie zu etwas Besonderem. Wobei es natürlich immer schöner ist, wenn die Musik live gespielt wird. In einer Kirche bietet sich dazu die Orgel an, aber auch ein Streichquartett, eine Harfenistin oder ein Cellist verbreiten eine sehr stimmungsvolle Atmosphäre. Es müssen ja nicht gleich die Philharmoniker sein. Ich habe allerdings schon eine Hochzeit organisiert, für die ein philharmonisches Orchester engagiert wurde. Dem Brautpaar war klassische Musik sehr wichtig. Und so spielte ein Sinfonieorchester mit 60 Streichern zu ihrer Hochzeit im Dom – ein Wahnsinns-Privatkonzert. Wenn ihr Wert auf eine klassische musikalische Begleitung legt, empfehle ich etwa die »Meditation« aus Jules Massenets Oper »Thaïs« oder Pachelbels D-Dur-Kanon, der sich sowohl für die Orgel als auch für ein Streichensemble oder die Harfe eignet. Wunderschön ist auch die Cello-Suite Nr. 1 Prélude in G-Dur von Bach und natürlich Gounods »Ave Maria«, besonders, wenn es von einer Solistin vorgetragen wird. Für den Auszug wird unter anderem Henry Purcells Trompetenruf in D gern genommen. Oder Mendelssohn Bartholdys Hochzeitsmarsch.

Als geistliche Lieder für Zeremonien in christlichem Kontext empfehle ich zum Beispiel »Geh aus, mein Herz, und suche Freud« oder »Von guten Mächten wunderbar geborgen«. Zur liturgischen Gestaltung der Fürbitten eignet sich unter anderem

»Großer Gott, wir loben dich«, aber auch »And did those feet in ancient time«.

Für eine freie Zeremonie könnt ihr selbstverständlich unter allen Songs dieser Welt wählen – von Andrea Bocelli über Konstantin Wecker bis Leonard Cohen.

Musikalische Begleitung beim Stehempfang

Für den Steh- beziehungsweise ersten Champagnerempfang im Anschluss an die Trauung empfehle ich in der Regel eine Musik, die nicht die komplette Aufmerksamkeit der Anwesenden absorbiert. Eure Gäste wollen ja schwätzen, lachen, Smalltalk halten.

Denkt dran, dass das erste Highlight des Tages hinter allen liegt. In der Kirche war es auch vergleichsweise ernst und besonders. Da sollte der Stehempfang der erste heitere Teil von angenehm gelöster Atmosphäre sein. Es wird gelacht, die Kinder rennen herum. Die Gläser klirren und glitzern. Abgesehen von klassischer Barmusik eignet sich dafür zum Beispiel Wiener Kaffeehausmusik, denn im Gegensatz zu großen Besetzungen hält sie sich mit ihrer simplen Struktur und den gefälligen Melodien stets im Hintergrund. Sie wirkt rhythmisch, aber nicht hämmernd und vermittelt einfach nur Wohlbehagen. Erlaubt ist vom Volkslied über Folk bis zu einfachem Jazz alles, was nicht in den Vordergrund tritt. Optimalerweise bleiben die Musiker beim Auftritt mobil, deshalb bin ich in dieser Hinsicht auch keine Freundin von Klavieren. Stellt euch einfach vor, dass es am Tag des Stehempfanges superheiß ist und alle Leute deshalb nach draußen gehen. Da kann das Klavier nicht einfach so mit. Wenn eure Gäste, wie ich gerne sage, »mäandern«, sollten die Musiker es ebenfalls tun können. Kaum etwas Schöneres, als wenn sich die Musik im Flow mit den Gästen mitbewegt. Wie ein Saxophonist, der zunächst vor den Gästen steht, sich allmählich unter die Leute mischt und sich schließlich an den Rand zurückzieht, um im Schatten, an einen Baum gelehnt, weiterzuspielen. Oder ein Trio mit Akkordeon, Gitarre und Kontrabass, das noch eben im Zelt spielte – und sich kurz darauf, weil die Sonne durchbricht, im Garten zwischen Kirschblüten und Rosenranken platziert.

Party

Natürlich berührt eine Live-Band die Herzen immer etwas mehr als Musik aus der Konserve. Andererseits kann ein guter DJ den Leuten auf der Tanzfläche ebenfalls richtig einheizen. Zum Beispiel könnten sie als Trio auch auf dem Stehempfang spielen, der in aller Regel neunzig Minuten dauert.

Wovon ich gar kein Fan bin: dass die Band immer wieder längere Pause macht. Natürlich müssen auch Musiker hin und wieder auf die Toilette. Aber viele Bands bieten drei Sets à 45 Minuten an und pausieren dazwischen. Dabei beginnen die wenigsten vor 22 Uhr, da sollten sie besser das ganze Set, sagen wir zwei Stunden, durchspielen und allen richtig einheizen. Dann sind alle auf der Tanzfläche, und im Nu sind wir bei halb zwei oder zwei Uhr.

Macht euch klar, dass Live-Bands und DJs unterschiedliche

Stimmungen erzeugen. Beide machen einen guten Job, aber dazwischen ist ein Bruch drin. Es ist irre schwierig, als DJ die Pause der Band zu füllen und sie in der Stimmung zu halten. Lasst die Band daher lieber durchspielen, wenn sie da ist. Danach übernimmt der DJ, und auch das ohne Break.

Ihr werdet ohnehin ein längeres Gespräch führen mit dem Band-Manager, manchmal auch noch ein eigenes mit dem DJ, um die Auswahl der Songs zu treffen. Dann gilt: Die Party ist am Ende nur so gut wie das Briefing für die Musiker war.

Entertainment

Im Grunde beginnt das Unterhaltungs-Konzept bereits in dem Moment, wenn die Gäste eintrudeln. Ein gelungenes Hochzeitsfest ist ein Gesamtkunstwerk. Überlegt euch also, wie ihr eure Gäste willkommen heißen wollt. Ist doch supercool, wenn da jemand auf Stelzen steht, der zwei menschliche Marionetten an Fäden lenkt, die jedem ein Glas Champagner reichen. So etwas kann sich als Motiv durch den ganzen Abend ziehen.

Erinnert euch an die wichtigste der fünf goldenen Regeln, die ich im Kapitel zu den Gästen erwähnt habe: »Du sollst deinen Gast nicht langweilen.« Heutzutage besteht die hohe Kunst der Eventplanung darin, die Aufmerksamkeitsspanne eurer Gäste nicht zu erschöpfen. Deshalb ist gerade bei Reden auf einen spannenden, vielleicht auch witzigen Aufbau zu achten und darauf, dass Emotionen angesprochen werden. Kaum etwas begeistert uns mehr, als wenn wir lachen können.

Die weit verbreitete 8-Sekunden-These, die besagt, dass wir uns nicht einmal so lang konzentrieren können wie ein Goldfisch, trifft nur bedingt zu. Die Frage ist, worauf. Achtet daher auf eine gute Mischung. Die Kunst ist, kurz und knackig sowohl der Tradition ihr Recht zu geben, als auch mal Brüche einzubauen. Es muss einfach immer wieder etwas aufblitzen, das eure Gäste fesselt. Im Grunde läuft es wie in einem guten Spielfilm: Erst wird es sehr spannend, dann folgt die *Ent*spannung. Wenn ihr das so durchhaltet, wird es auf eurer Hochzeit nicht einen einzigen zähen Moment geben. Deshalb nicht zu lange reden, andererseits aber die Leute auch nicht zu lange sitzen und auf den nächsten Gang warten lassen.

Lasst nicht mehr als eine Vorspeise und einen Hauptgang reichen. Anschließend am besten ein *flying dessert*, das nicht am Platz eingenommen werden muss. So können sich eure Gäste schon bald wieder bewegen. Macht euch immer wieder klar, dass eure Gäste zu dem Zeitpunkt bereits den ganzen Tag auf den Beinen waren. Wenn die abends ewig sitzen müssen, werden sie doch schrecklich müde.

Eventdesign

Im Folgenden möchte ich euch vier von mir entwickelte beziehungsweise weiterentwickelte Ideen für solche Motto-Veranstaltungen vorstellen. Natürlich könnt ihr jedes Konzept nach eigenen Vorstellungen abwandeln:

James-Bond-Abend »Casino Royale«

Lasst eure Gäste von lebendigen Goldstatuen begrüßen, die ihnen Chips für ein virtuelles Casino überreichen, das man im Hintergrund bereits erkennen kann. Dabei haben die Platzkarten für das gesetzte Dinner die Form und das Design von Visitenkarten des britischen Geheimdienstes MI6. Auf ihrer Rückseite befindet sich jeweils eine Aufgabe. Ein Satz, mit dem der Gast einen Croupier ansprechen oder eines der Bond-Girls zum Tanz auffordern kann, um im Gegenzug den nächsten Hinweis zu erhalten. So gerät man tiefer und tiefer in die Welt von Geheimagent 007 und befindet sich unversehens auf einer Entdeckungsmission, an deren Ende eine Belohnung auf die Gäste wartet. Als Eyecatcher könnten etwa am Hauptportal die legendären Bond-Autos parken. Dort schenken zum Beispiel Hostessen im passenden Outfit als Willkommensgruß Champagner aus.

Viel Spaß werden eure Gäste haben, wenn ihr eine Fotobox de luxe installieren lasst, sodass sie sich bei den Wagen in Pose werfen und fotografieren lassen können. Denn selbstverständlich sollte eure Fotografin oder euer Fotograf bereits an dem Abend tätig sein. Hier müssen natürlich keine echten Aston Martins stehen, ein bedruckter Fotohintergrund tut es ebenfalls. So können alle ihre persönlichen Vanity-Fair-Momente dokumentieren.

Lasst eine Zigarren-Rollstation aufbauen, die ihr entweder klassisch oder in modernem Flair gestaltet. Lasst eine Martini-Bar aufstellen, die *Geschüttelt oder gerührt?* heißen könnte.

Dort kredenzt ein versierter Barkeeper oder eine Barkeeperin ausschließlich geschüttelte Martinis und gibt darüber hinaus Einblicke in die Geschichte dieses Kultgetränks. In diesen Abend bindet ihr Szenerien aus James-Bond-Filmen ein, zum Beispiel ein Casino Royale mit interaktiven Spieltischen. Dort wird Roulette, Poker und Blackjack gespielt. Dabei sorgen professionelle Croupiers für die nötige Spannung.

Natürlich könnt ihr auch ein paar Bond-Girls auftreten lassen – welche Motto-Party wäre ohne ihre verführerische Raffinesse komplett. Hört ihr schon die Haute-Couture-Roben von Valentino, Tom Ford und Dolce & Gabbana rauschen?

Plötzlich dimmen sich die Lichter, die Erwartung im Raum ist förmlich zu spüren. Während es dunkler und dunkler wird, erscheint im Lichtspot eine in Schwarz gehüllte Frau. Mit einer Kerze in den Händen beginnt sie einen verführerischen Feuertanz. Kaum ist die Feuertänzerin verschwunden, tritt Hand in Hand ein Paar aufs Parkett, das aller Schwerkraft trotzt. Ihr akrobatischer Lufttanz hebt jedes Gesetz der Physik auf, genau wie die in Gold gekleidete Schlangenfrau, deren Gliedmaßen sich zu unvorstellbaren Formen verschlingen. Eine atemberaubende Burlesque-Performance beschließt diese Show – in einem überdimensionalen Martini-Glas, versteht sich! Musikalisch untermalt wird der Abend vom Soundtrack der James-Bond-Filme, wenn ihr mögt, von einem Jazz-Quartett und sechs Violinen zu Live-Vocals.

Havanna Night

Lasst eure Gäste in das wilde Havanna der Fünfziger eintauchen – ein Konzept, das ihr je nach Budget mit relativ kleinem bis großem Aufwand realisieren könnt.

Wenn eure Gäste eintreten, werden sie von Tänzerinnen und Tänzern begrüßt, die entweder klassisch kubanisch oder in moderne Couture gekleidet sind. Ihre lebensfrohe Energie überträgt sich auf die Anwesenden. Auch hier – wo sonst? – darf eine Zigarren-Rollstation selbstverständlich nicht fehlen. Dazu wird an der Bar Rum verkostet, wo ein Experte etwas über das berühmte Erzeugnis der Karibik erzählt. Oder ihr entscheidet euch für eine burleske *Daiquiri-Shaker-Station,* an der eine von Carmen Miranda inspirierte Mixologin mit opulenter Tuttifrutti-Kopfbedeckung euren Gästen Daiquiris schüttelt. So wird ihr Auftritt zwischen Varieté und Kabarett changieren – und das Kredenzen der Cocktails zum Ereignis. Doch vergesst dabei nicht den Mojito. Einen eigens dafür reservierten Bartisch könntet ihr mit »Liebestränke« übertiteln, was zu einer anstehenden Hochzeit passt. Eine Schauspielerin, deren Garderobe die Fantasie der Gäste anheizt, bietet einen lukullischen Streifzug durch die Lüste – den Mojito als Heilmittel.

Unterdessen bewegen sich Tänzerinnen und Tänzer durch den Raum und fordern Gäste zum Tanzen auf. Andere führen in die Grundschritte des Salsas ein. Abrunden lassen sich solche Szenen durch einstudierte kurze Tanz-Choreografien. Ihr glaubt nicht, wie geschmeidig sich die Energie und Aura solcher Einlagen überträgt. Am Ende werdet ihr das Flair der Straßen des alten Havanna selbst in euren Adern spüren.

Wollt ihr das noch anreichern, dann lasst den Bailando auf-
führen – ein atemberaubender und energiegeladener Tanz, der
einen Kampf zwischen klassischem Salsa und modernem Hip-
Hop im kubanischen Stil verkörpert. Auch hier kann die Vor-
führung damit enden, dass die Tänzerinnen und Tänzer eure
Gäste einladen, sich ihnen anzuschließen, um die Party dann
richtig in Schwung zu bringen.

Arkadische Hochzeit

Zu Beginn werden eure Gäste von elegant gekleideten Nym-
phen mit fantastischen Schmetterlings-Kopfbedeckungen in
Empfang genommen und in den Festsaal geleitet. Diese Wesen
sollen die Gnade verkörpern, die den Weg ins ländliche Paradies
eröffnet, von dem wir bisher immer nur geträumt haben. An-
geführt wird der Hochzeits-Gästezug von Tänzerinnen, die eure
Liebesgeschichte in einer Choreografie erzählen. Ihr befindet
euch mittendrin in einem Rosenwagen, von dem aus Rosé-
Champagner und beliebte Weine der Rosé-Cuvée ausgeschenkt
werden. Darüber hinaus führt der Wagen Bücher mit Dichtun-
gen von Rainer Maria Rilke, Hermann Hesse und anderen mit
sich.

Diese werden schon bald hervorgeholt, denn an einem eigens
dafür gestalteten Platz werden Verse eines Dichters für eure
Lieben vorgetragen. Die Gedichte können sowohl in deutscher
als auch in englischer oder einer anderen Sprache verfasst werden. Bei dieser szenischen Idee fügen sich natürlich auch die

Musikerinnen und Musiker in die arkadische Szenerie ein und begleiten alle Stationen des Festes.

Der optische Höhepunkt kann ein Tänzer sein, der als antiker Blumenwagen geschmückt ist. Einem Faun gleich, durchstreift er die Gästeschar und verteilt kleine Geschenke oder ziert die Gäste mit Blüten und Blumengebinden. Dazu wispert er Liebesworte vor sich hin oder flüstert ihnen im Vorbeigehen zärtliche Bezauberungsformeln ins Ohr.

Das arkadische Motto könnt ihr am Tag darauf nach dem Dinner selbstverständlich wieder aufnehmen – wenn es wieder dem Abend und der ganz großen Party entgegengeht.

Mediterrane weiße Party

Alle Gäste erscheinen in Weiß. Wenn sie das Strandparadies erreichen, werden sie aufs Wärmste begrüßt. Sie möchten noch ein wenig warten, wird ihnen gesagt, sich aber die Zeit solange mit Cocktails versüßen. Was ihnen nicht schwerfällt, denn vor dem Eingang bewegen sich im Stile Saint Tropez' ebenfalls in Weiß gekleidete Tänzerinnen. Werden die Gäste schließlich eingelassen, findet auf der Tanzfläche ein verführerischer marokkanischer Schleiertanz statt. Der Blick fällt auf eine Glitzer-Bar. Hier können sich alle das Weiß ihrer Garderobe mit einem Hauch von Silber oder Gold veredeln lassen – ob Halsketten oder Armbänder, Körperketten oder schmückende Flash-Tattoos, für jedes Outfit findet sich etwas.

Nach dem Abendessen, wenn sich die Gäste allmählich erheben, wechselt die Stimmung. Damen in bunten Kimonos führen einen atemberaubenden Fächertanz auf, lassen ihre Kimonos fallen und präsentieren sich in Disco-Bikinis. Da ertönt »Stayin' Alive«, und die Tanzfläche explodiert. Tänzerinnen, deren Häupter mit glitzernden Discokugeln geschmückt sind, tanzen mit LED-Pixel-Pointers und werden von Tänzern flankiert, deren Köpfe in Discokugeln stecken. Die Energie der Choreografie überträgt sich auf die Anwesenden. Den Abschluss bilden Tänzer in weißen LED-Kostümen, die mit ihrer Choreografie das Parkett in einen rauschenden Leucht-Traum verwandeln.

Über diese vier ausführlich beschriebenen Szenarien hinaus gibt es noch viele weitere Alternativen zu Mottopartys, die ich hier nur schlagwortartig nenne:

Italien der Fünfziger
Eine Fahrt zum Mars
Zwanzigtausend Meilen unter dem Meer
Im Orient-Express
Berlin der Zwanziger
Farbenfrohe Pucci-Party

Ihr seht schon, es gibt wirklich Tausende von Möglichkeiten. Solche Momente werden den Gästen für immer im Gedächtnis bleiben. Doch seid euch bewusst: Wenn ihr bereits am Freitag derart »auffahrt«, müsst ihr für den folgenden Tag ziemlich drauflegen.

Feuerwerk

Alles begann mit der Erfindung des Schwarzpulvers in China, wo bereits im ersten Jahrtausend sogenannte »Feuerpfeile« durch die Luft flogen, um Feinde abzuschrecken. Heute halten Silvesterböller böse Geister davon ab, ins neue Jahr zu drängeln. Dasselbe gilt selbstverständlich bei eurem Hochzeitsfeuerwerk – die Botschaft: »Lasst diese Brautleute und ihre Ehe in Ruhe und haut ab!«

Wollt ihr solch ein Feuerwerk veranstalten, beauftragt dazu professionelle Pyrotechniker, die sich auch um die nötigen Sicherheitsvorkehrungen kümmern und gegebenenfalls eine Sondergenehmigung einholen. Gerade im Ausland ist das wichtig, da Feuerwerke dem Sprengstoffgesetz unterliegen. Zum Beispiel hatte ich ein Brautpaar, das seine Hochzeit in Italien feiern wollte. Der Bräutigam war ein echter Feuerwerksfreak, er war hin und weg von der Idee. Allerdings hatte Italien kurz zuvor die Gesetze geändert. So etwas bekommt man als Laie, noch dazu im Ausland, natürlich nicht mit, das muss man alles bedenken.

Viele Dienstleister bieten ein Gesamtpaket, das neben Anlieferung, Aufbau und Abbrennen der Feuerwerkskörper auch die Sicherheitsabsperrung, die Entfernung der Abbrennreste sowie eine Versicherung für Schadensfälle beinhaltet. Für eine Show auf dem Wasser braucht es Profis, die nicht nur die Feuerwerksanlage steuern, sondern auch mit Booten und Flößen umgehen können – und die die schwimmenden Reste anschließend wieder aus dem Wasser fischen.

Was immer gut ankommt: Wenn ihr eure Initialen oder Namen am Nachthimmel erglühen lasst. Natürlich könnt ihr das Spektakel auch musikalisch untermalen, etwa mit Georg Friedrich Händels berühmter Feuerwerksmusik. Seid sicher, das wird seine Wirkung auf eure Gäste nicht verfehlen. Stellt euch all die Ohhhhs und Ahhhhhs nur einmal vor. Deshalb vergesst vor allem eines nicht: unbedingt vorher die Foto- und Videografen zu briefen.

6–9 MONATE

DAY-OF-DRUCKSACHEN – PAPETERIE FÜR DEN GROSSEN TAG

Die Save-the-Date-Karten sind längst verschickt, ebenso die Einladungen. Nun ist es Zeit für die Day-of-Papeterie, damit sind alle Drucksachen gemeint, die am Tag eurer Hochzeit gebraucht werden. Dazu gehören Ablaufplan, Namensschilder, Menü- und Barkarte, Kirchenheft oder – für eine freie Trauung – ein Heft mit Liedtexten und dem Ablauf der Zeremonie.

Hier ein kleiner Überblick, was alles unter Day-of-Papeterie fällt und was dabei zu klären beziehungsweise zu beachten ist:

Welcome Cards
Begrüßungsworte / Textauswahl
Handschriftliche Signatur des Brautpaares

Ablaufplan
Alle Events mit Veranstaltungsorten und Uhrzeit

Kirchenheft
Ablauf, Liedtexte
Fürbitten, Danksagung

Menükarte
Komplettes Menü, evtl. mit separater Getränkeauswahl
Vegetarische Varianten
Wenn gewünscht, Mitternachtssnack

Sitzplan
Gästeliste als Tabelle mit Zuordnung zu Tischen
Escort-Kärtchen mit Tischnummern (evtl. als Aufkleber)
Vor- und Nachnamen, Titel

Escort Cards
Vor- und Nachnamen, Titel
Zuordnung zu Tischen

Platzkärtchen
Vor- und Nachnamen, Titel

Tischnummern
Nummern oder Namen der Tische

Weitere Ideen für Drucksachen/Design
Tränentücher
Getränkedosen
Tags (Anhänger), Aufkleber
Gastgeschenke, bedruckte/kalligrafierte Taschen
kalligrafierte/illustrierte Jacken für Bridesmaids

Tipp am Rande: Die Karte für die Danksagung könnt ihr in dem Schwung natürlich gleich mitdrucken lassen.

Gastgeschenke

Eure Gäste werden sich noch intensiver an euer großes Fest erinnern, wenn sie selbst eine Kleinigkeit als Erinnerung mitnehmen können. Solche Geschenke müssen keineswegs aufwendig sein. Stellt zum Beispiel »Hangover-Bags« zusammen, die in den Hotelzimmern auf eure Gäste warten, etwa mit einem Elektrolyt-Drink und Aspirin gegen Kater, Pflastern gegen ertanzte Blasen oder einem Lippenpflegestift, dazu vielleicht ein Betthupferl. Eine schöne Idee sind auch bestickte Taschentücher oder personalisierte Anhänger aus Leder für die Reisetasche. Die Herren nehmen gerne eine gute Zigarre entgegen. Schön ist auch der Brauch mit den Mandelsäckchen, die ihr euren Gästen aufs Zimmer legen könnt. Seit Ludwig XIV. ist es üblich, Gästen von Hochzeiten, Firmungen oder Taufen gezuckerte Mandeln zu schenken. Damals bewahrte man die Süßigkeit in Schatullen auf, mittlerweile füllt man sie in Organza-Beutelchen – und zwar fünf weiße Mandeln mit Zuckerguss. Ihr ahnt bereits, dass dahinter eine Symbolik steht. Die Zahl steht für fünf gute Wünsche: Gesundheit, Wohlstand, Glück, Fruchtbarkeit und ein langes Leben. Der Zuckerguss soll die Mandeln versüßen, die zuweilen bitter sind wie das Leben.

Auch auf dem Fest selbst lassen sich liebevolle Gesten in Form kleiner Gastgeschenke bereitstellen. Zum Beispiel Pashmina-Schals für die Damen, wenn es am Abend abkühlt, vielleicht sogar mit einem eingestickten Monogramm. Oder Espadrilles beziehungsweise Flipflops zur Mitternacht, wenn allen längst die Füße weh tun vom vielen Tanzen und sie ihre High Heels oder Sandaletten mit Absatz gerne abstreifen würden. Dass sie das guten Gewissens tun dürfen, signalisieren die bereitgestellten leichten Sommerschuhe, eventuell in Stoffbeutelchen, auf liebevoll-diskrete Art und Weise. Solche Dinge werden anschließend sehr gern als nützliches Andenken mit nach Hause genommen.

Legt zu jedem Gastgeschenk stets ein persönliches Gruß-kärtchen mit eingestanzten Hochzeitsdaten und eurer gemeinsamen Unterschrift bei – wie gut, dass die bereitliegen, weil ihr euch rechtzeitig um eure Day-of-Papeterie gekümmert habt, stimmt's?

Hochzeitsauto

Zugegeben, es ist der Sahnetupfer auf der Torte – aber ein hinreißender. Und zwar nicht nur für euch, sondern für alle, die eure Hochzeit bezeugen können. Ein Bentley oder Rolls-Royce verströmt einen Hauch Grace-Kelly-Flair, wenn er vor der Kirche oder der Location steht und euch ein Chauffeur nach der Trauung zum Champagnerempfang bringt. Wenn es sich allerdings um ein reines Cabrio handelt, bleibt natürlich ein Restrisiko. Ich erinnere mich an ein Brautpaar aus Hamburg mit einer Leidenschaft für Oldtimer – und dem Wunsch, auf Mallorca zu heiraten. Sie ließen also ihr Lieblingsauto (ein Oldtimer-Cabriolet) einfliegen und wunderschön mit Blumen schmücken. Der Plan war, sich von einem Chauffeur zur Kirche und anschließend zum Champagnerempfang kutschieren zu lassen. Die Realität sah dann allerdings so aus, dass der Wagen am Hochzeitstag picobello geschmückt im Hotel stehen blieb. Was war passiert? Zwei Monate vor der Hochzeit sowie zwei Monate nach der Hochzeit hatte es nicht *einen* Schauer auf der Baleareninsel gegeben. Doch ausgerechnet an ihrem Hochzeitstag goss es in Strömen, sodass an eine Ausfahrt mit dem Cabrio nicht zu denken war.

Eine besonders romantische Alternative zum Auto ist übrigens die Hochzeitskutsche, die man ebenfalls mit und ohne Verdeck mieten kann. In Wien oder München etwa werdet ihr sie noch vergleichsweise oft finden. Ich habe auch schon mit Entzücken erlebt, dass sich ein Paar von der Kirche mit einem alten Schulbus abholen ließ, in den die Brautjungfern, der

Brautführer, aber auch die Trauzeugen und Blumenkinder mit einstiegen. In einem besonderen Fall war es ein geschmückter, strahlend weißer Hubschrauber – allerdings lag die Kirche auf der einen Seite, die Location des Empfangs auf der anderen Seite eines ziemlich großen Mecklenburger Sees.

Wie auch immer ihr euch entscheidet: Bei der Wahl des Hochzeitsgefährts werdet ihr mit Sicherheit beide großen Spaß haben. Aber sorgt für einen Plan B. Das Paar mit dem offenen Oldtimer-Cabrio musste am Ende ein schnödes Taxi nehmen, weil sich so kurzfristig kein geschlossener Oldtimer anmieten ließ. Weshalb auch die Kutsche ausfiel. Der Heli ohnehin. Und in Ermangelung einer Wasserstraße auch das Boot. Nun gut, immerhin war der Taxifahrer ausgesprochen freundlich.

Lichttechnik

Ein Lichttechniker kann Wunder bewirken, die einem wie pure Magie vorkommen. Licht- und Tontechnik gehen Hand in Hand, weshalb man in dem Bereich auch von *Audio Visuals* spricht. An eurem großen Abend sollte der Saal so ausgeleuchtet sein, dass jeder sein Essen auf dem Teller gut erkennt, ohne das Licht als grell oder sonst wie störend zu empfinden. Glaubt mir, so etwas ist eine Kunst für sich. Ein Profi schafft an verschiedenen Spots im Saal Szenerien, Stimmungen und Lichtskulpturen, ohne dass sie sich in die Quere kommen. Und ihr glaubt nicht, wie eine kluge, einfühlsame Beleuchtung die Menschen auf die Tanzfläche zieht!

Das Thema Licht ist besonders wichtig, wenn das Essen und vielleicht sogar die Party draußen stattfinden. Ein wirklich guter Lichttechniker wird seine Kunst so einsetzen, dass selbst der glitzernde Sternenhimmel noch zu sehen ist – das im Wortsinn himmlischste Licht, das euch geschenkt werden kann. Dennoch können eure Gäste alles auf den Tischen erkennen.

Blumenkinder

Es ist so weit, ihr könnt euch jetzt nach den Blumenkindern umschauen, die euch die Blütenblätter vor die Füße streuen, wenn ihr nach der Zeremonie Arm in Arm dahinschreitet. Aber wer kommt dafür infrage? Seht auf jeden Fall zu, dass es nicht zu viele sind, sonst müsst ihr Flöhe hüten. Zum anderen trennen sich gerade kleine Mädchen nur ungern von den schönen Blüten, streuen manchmal nur zögerlich. Die Jungs hingegen haben die Neigung, die Sache als sportliche Herausforderung zu verstehen und die Blüten weit von sich zu schleudern. Damit das Streuen der Blumen also in eurem Sinne geschieht, sollten die Kinder es mindestens einmal üben: alle zwei oder drei Schritte, die ihr macht, Blüten zu streuen. Einstudieren können sie das mit euren Trauzeugen oder den Fürbittern. Es wird den Kleinen viel Freude bereiten, und das Training gibt ihnen Sicherheit.

Falls ihr bereits eigene Kinder habt, lasst sie es tun. So werden sie Teil eurer Zeremonie, was besonders dann wichtig ist, wenn sie verschiedene Väter oder Mütter haben. Das stärkt eure Bindung zusätzlich. Habt ihr noch keine Kinder, dann fragt in

eurem Freundeskreis. Die Kleinen werden es als große Ehre empfinden, eure Blumenkinder zu sein. Doch nicht alle trauen es sich zu. Manche sind schüchtern, wollen nicht öffentlich auftreten. Dann ist das selbstverständlich zu respektieren. Also lasst bitte die Kinder, nicht ihre Eltern entscheiden.

Was Kinder besonders gern mögen, ist, dabei mit ihren Geschwistern oder engsten Freundinnen und Freunden zusammen zu sein. Das gibt ihnen zusätzliche Sicherheit und sie fühlen sich noch einmal ganz besonders zusammengeschweißt – so lassen sich auch kindliche Eifersüchteleien und Streit auf der Feier vermeiden.

Das Zusammengehörigkeitsgefühl entsteht nicht zuletzt auch wegen der gemeinsam getragenen festlichen Kleidung. Außer der Braut ist es übrigens nur den Blumenkindern gestattet, an diesem Tag Weiß zu tragen. Auch das hat natürlich einen symbolischen Grund. Weiß reflektiert – im Gegensatz zu Schwarz – das gesamte Licht, also alle Spektralfarben. So wird gewährleistet, dass an diesem Tag das gesamte Licht auf das Brautpaar fällt, besonders auf die Braut. Würden andere ebenfalls Weiß tragen, zögen sie Licht von euch ab.

Nur für die Blumenkinder gilt das nicht. Insofern sind sie mit euch am engsten verbunden. Also lasst die Mädchen in weiße Kleider schlüpfen, die dem Brautkleid nachempfunden sein sollten. Und vergesst auch nicht, ihnen Blumenkränze aufzusetzen, sie symbolisieren den Schleier. Wenn sie mögen, können natürlich auch die Jungen so einen Kranz im Haar tragen – in der Antike wären blumenbekränzte Bubenköpfe völlig normal gewesen. Am schönsten ist es, wenn die Kleidung aller Blumenkinder sowohl auf euch als auch untereinander abgestimmt ist. Wichtig ist allerdings, dass sie sich in ihrem Aufzug auch wohlfühlen, dass nichts drückt oder kratzt.

Übrigens werden seit den Siebzigerjahren Blumenkinder auch bei standesamtlichen Hochzeiten eingesetzt. Das zeigt, wie groß das Bedürfnis nach einer zeremoniellen Trauung auch bei Paaren ist, die nicht kirchlich heiraten. Dabei ist jedoch zu beachten, dass nicht in allen Kirchen oder gar Standesämtern das Verstreuen von Blüten erlaubt ist. Deshalb klärt eine Erlaubnis unbedingt vorher ab.

Doch sind es nicht nur die Blumenkinder, die Blüten streuen. Ein weit verbreiteter Brauch will, dass das Brautpaar von den Anwesenden mit Rosenblüten beworfen wird – aber auch mit Reis. Das kann freilich etwas unangenehm werden, weil ihr die kleinen Körner möglicherweise den ganzen Tag über nicht mehr loswerdet. Wenn ihr das nicht mögt, gebt vorher bekannt, dass auf diesen Brauch verzichtet werden soll. Ohnehin ist es in vielen Standesämtern und öffentlichen Gebäuden nicht erlaubt.

Ausblick Flitterwochen

Die Flitterwochen sind das i-Tüpfelchen einer Hochzeit: Der Ausdruck stammt vom mittelhochdeutschen *Vlittern* ab, was so viel bedeutet wie flüstern und liebkosen. Diese Zeit nach dem großen Tag gehört ganz dem Brautpaar und wird traditionell genutzt, um eine Hochzeitsreise zu unternehmen.

Ich erlebe allerdings immer wieder, dass Paare auf genau diese Zeit verzichten, um direkt wieder zur Tagesordnung überzugehen. Meiner Meinung nach ist das ein großer Fehler. Monatelang hat man die Hochzeit geplant, stand unter Stress und hatte eine sehr intensive Zeit – da ist es einfach wichtig, sich anschließend eine Auszeit zu gönnen. Um sich zu erholen, die Zeit allein zu zweit zu genießen und auch, um die vergangenen Tage rund um die Hochzeit sacken lassen zu können.

Deshalb empfehle ich, in den Flitterwochen unbedingt auf eine große Reise zu gehen. Macht eine besondere Reise, die ihr nur einmal im Leben unternehmen werdet. Hier geht es um das Erleben von etwas Außergewöhnlichem. Informiert euch, was ihr vor Ort unternehmen könnt, bucht Konzert- oder Theaterbesuche, reserviert euch einen Tisch in einer außergewöhnlichen Location. Überlegt euch gemeinsam, wie ihr diese Zeit als Paar verbringen möchtet. Ob ihr Romantik und Zweisamkeit zelebrieren oder Abenteuer erleben und außergewöhnliche Orte besuchen wollt. Sprecht über eure Vorstellungen und Wünsche, womöglich findet ihr einen Kompromiss, indem ihr etwa eine Woche Sightseeing und Kultur macht und die andere Woche der Entspannung widmet.

Hauptsache, ihr nehmt die Energie und die Stimmung der Feier mit auf diese Reise.

Während es in den USA noch immer üblich ist, als Paar direkt von der Hochzeitsfeier aus in die Flitterwochen zu verreisen, planen die meisten Brautpaare hierzulande beziehungsweise in Europa die Hochzeitsreise meist erst im Anschluss an die Feierlichkeiten, wenn alle Gäste wieder abgereist und die Organisation abgewickelt ist. Dennoch ist es natürlich besonders schön, wenn ihr vor den Augen aller in euren Wagen steigt und in die Flitterwochen fahrt – schon weil dann ein riesiger Jubel hinter euch erklingen wird, mit Applaus und womöglich noch einmal Champagnerkorkenknallen. Großes Kino also. Bisweilen entschieden sich von mir betreute Paare sogar dazu, diesen Aufbruch direkt von der großen Party aus beginnen zu lassen, also mitten in der Nacht.

3–6 MONATE

Kinderbetreuung

Wie die Zeit rast – umso rasanter, je näher der Termin rückt! Das meiste ist zum Glück organisiert, nun könnt ihr euch um die Details der Kinderbetreuung kümmern. Die sollte am besten schon parallel zur Trauzeremonie starten – oder besser noch früher: wenn ihr beim Getting Ready seid. Besonders kleine Kinder können schlecht anderthalb Stunden stillsitzen, und ihr wollt euch ja auf euren Ablauf konzentrieren und nicht abgelenkt werden.

Ich empfehle euch, für diese Aufgabe auf ausgebildete Erzieher oder Erzieherinnen beziehungsweise Babysitter zurückzugreifen. Ansonsten fragt einige geübte Teenager aus dem Freundeskreis, ob sie ihr Taschengeld aufbessern möchten. Kalkuliert dabei auch Unterkunft und Verpflegung für die betreuenden Personen mit ein. Sie sollten bereit sein, vor Ort zu übernachten und am nächsten Morgen die Aufsicht für weitere Stunden zu übernehmen oder sich entsprechend abzuwechseln. So könnt ihr vermeiden, dass die Eltern das Fest früher verlassen, weil ihr Nachwuchs frühmorgens quietschfidel in den Startlöchern steht. Es feiert sich einfach entspannter für Eltern, wenn klar ist, dass sie sich darum morgens nicht gleich kümmern müssen.

Catering

Das Probeessen liegt nun ein halbes Jahr zurück. Sollten sich mittlerweile Änderungen ergeben haben oder vonseiten der

Gäste noch Unverträglichkeiten oder Sonderwünsche hinzugekommen sein, dann wäre jetzt die Gelegenheit für letzte Anpassungen. Zumal dann die Menükarten verbindlich stehen müssen. Trefft die finalen Übereinkünfte mit den Verantwortlichen für Location und Catering zu den einzelnen Gängen des Menüs und zur Weinbegleitung. Klärt gegebenenfalls die genaue Anzahl vegetarischer oder veganer Menüs. Sollen Wasserspender oder eisgekühlte aromatisierte Getränke bereitstehen? Wo stehen Sweet Table und Open Bar? Wo und wie wird die Hochzeitstorte präsentiert – ist gewährleistet, dass sie bis dahin kaltgestellt werden kann?

2–3 MONATE

Brautkleid-Fitting, Brautschuhe, Dessous

Das Brautkleid dürfte nun fertig sein, die Anprobe steht an. Spätestens jetzt solltet ihr auch die passenden Brautschuhe gefunden haben. Und habt ihr schon an die Dessous gedacht? Für mich ist es selbstverständlich, eine Braut und deren Freundinnen, sofern sie es mir erlaubt, persönlich zum Brautkleid-Fitting zu begleiten. Dabei gibt es immer wieder lustige und innige Momente, in denen man die Braut noch besser kennenlernt. So kann ich besser verstehen, wie sie tickt, und sie am Ende noch besser beraten.

Probetermin Hair & Make-up

Fehlt noch der Probetermin beim Hair- und Make-up-Stylisten für euer Hochzeits-Styling. Klärt bis dahin am besten auch, ob noch weitere Personen am Tag der Hochzeit ein Styling wünschen. Das können Brautjungfern und Blumenmädchen sein, denen Blumen ins Haar geflochten werden, aber auch weibliche Familienangehörige und Freundinnen, die sich ein besonderes Make-up und eine besondere Frisur machen lassen möchten.

Traurede besprechen

Mittlerweile ist es auch an der Zeit, mit dem Pfarrer oder einem freien Redner ein Traugespräch zu vereinbaren und die Inhalte und den Ablauf zu besprechen. Setzt euch dazu am besten in entspannter Atmosphäre zusammen, vielleicht bei einem ungezwungenen Imbiss, und plaudert.

Vielleicht wollt ihr bei der Gelegenheit auch gleich die Sitzordnung für die Trauung festlegen: Die ersten beiden Reihen sind der Familie und den engen Verwandten des Brautpaares vorbehalten. Doch wie ist es mit dem Brautpaar und den Trauzeugen? In Europa ist es Tradition, dass die Braut rechts vom Bräutigam sitzt – so, wie sie in die Kirche eingezogen ist. Sitzt sie zu seiner Linken, verlässt sie die Kirche auch wieder an seiner linken Seite. Die Trauzeugen sitzen in der Regel jeweils schräg hinter Braut und Bräutigam. Sollte sich abzeichnen, dass der Raum beziehungsweise die Kirche so groß ist, dass sich die Gästeschar möglicherweise darin verliert, klärt mit dem Pfarrer oder dem zuständigen Verantwortlichen, ob man anhand der Blumendekoration oder mithilfe hochwertiger Samtbänder kenntlich macht, in welchem Bereich die Gäste Platz nehmen sollen. So könnt ihr verhindern, dass sich die Gäste zu sehr verteilen und womöglich die hinteren Reihen besetzen.

VIER WOCHEN

Menükarten, Update Ablaufplan, Notfallpläne, Sitzordnung

Spätestens jetzt solltet ihr die Menükarten und natürlich das Hochzeitsprogramm, also den Ablaufplan, in Druck gegeben haben, den ihr euren Gästen am Tag der Anreise aushändigen oder aufs Zimmer legen werdet.

Ich überprüfe bei der Gelegenheit sicherheitshalber immer noch mal die wichtigsten Posten auf Notfallpläne. Mir ist schon mal zwei Stunden vor seinem Einsatz der Make-up-Artist schwer erkrankt. Da braucht man Telefonnummern und Adressen für Alternativen, also Einspringer. Es ist überhaupt sinnvoll, mit einer Standby-Besetzung zu planen, die im Notfall übernehmen kann.

In Bezug auf die Sitzordnung empfehle ich für den Sitzplan beziehungsweise die Escort-Kärtchen eine flexible Lösung. Erfahrungsgemäß kann sich in dem Bereich bis zum Schluss etwas ändern. Lasst daher die Tischnummern nicht aufdrucken oder beschriften, sondern verwendet dafür Aufkleber.

Probelauf mit den Blumenkindern, Schuhe einlaufen

Wenn ihr Zeit für etwas habt, das richtig Spaß machen kann: Unternehmt mit den Blumenkindern einen Probelauf.

Bei der Gelegenheit stellt sich die Frage: Sind die Brautschuhe eigentlich schon mal getragen worden? Es ist sicher nicht verkehrt, sie zwischendurch immer wieder in der Wohnung einzulaufen.

Letzte Anprobe & Abholung Brautkleid

Meine Güte, ob das Hochzeitskleid nicht doch zu weit ist? Oder zu eng? Solltet ihr noch kleine Änderungen am Brautkleid in Auftrag gegeben haben, steht nun die letzte Anprobe an, bevor ihr es in Empfang nehmt. Bringt zum letzten Fitting auch die Brautschuhe, die Dessous, den Schleier und die Accessoires mit, die ihr dazu ausgewählt habt. Nun macht den Härtetest: Arme in die Luft werfen, hinsetzen, tanzen, hüpfen – sitzt alles an seinem Platz und kneift nicht? Prima. Dann könnt ihr euer bestes Stück mit nach Hause nehmen oder euch schicken lassen.

Und, nur so nebenbei, rechnet jederzeit mit Junggesellenabschieden. Plötzlich ist eure Wohnung voller Männer, die den Künftigen entführen wollen. Meine Damen, lasst sie sich austoben, die brauchen das!

EINE WOCHE

Entspannung, Körperpflege, Wellness

Die Anreise des Brautpaars zur Location ist in der Regel Mittwoch oder Donnerstag, wenn am Freitag gefeiert wird. Also empfehle ich euch, entspannt und früh genug anzureisen. Dort habt ihr nichts zu tun, als euch wohlzufühlen und euch auf das Wochenende zu freuen. Oder, wie Harald Juhnke gesagt hätte: »Keine Termine und leicht einen sitzen.«

Das Brautpaar gönne sich noch eine Maniküre und Pediküre, vielleicht sogar einen Wellnesstag. Umso entspannter werdet ihr in den Endspurt gehen. Vor allem für die Braut ist es wichtig, wirklich runterzukommen – ich kenne keine, die jetzt nicht extrem aufgeregt ist. Verzichtet also auf Remmidemmi-Aktionen und zusätzliche Aufregung.

Auch Sauna ist eine schöne Idee, aber bitte nicht mit Bräunungs-Sessions, Wachsen und dergleichen.

Noch einmal schlafen

Vielleicht gönnt ihr euch noch eine leichte, angenehme Gesichtsmaske. Verzichtet jedoch einen Tag vor der Hochzeit lieber auf Experimente. Ein paar Worte noch zur Einstimmung: Gebt nun, spätestens aber am Hochzeitstag, das (gedankliche) Klemmbrett und den Notfall-Koffer unbedingt in andere Hände. Als Brautpaar solltet ihr euch um nichts kümmern, außer darum, glücklich zu sein. Ihr werdet so beschäftigt sein mit Begrüßen, Fotos machen, Reden halten, Geschenke entgegennehmen, an jedem

Tisch vorbeizuschauen und, und, und. Da braucht ihr jemanden, der euch den Rücken freihält. Das können die Trauzeugen genau so sein wie ein professioneller Zeremonienmeister, im Idealfall eine Wedding-Planerin oder ein Wedding-Planer. Entscheidend ist ein gutes und detailliertes Briefing vorab, damit ihr am großen Tag gemeinsam mit all euren Gästen bestaunen könnt, was ihr nach so viel Vorarbeit und Aufregung auf die Beine gestellt habt. Sogar als professionelle Planerin genieße ich diese Momente jedes Mal aufs Neue.

Am Hochzeitstag geht es alleine um euch und eure Liebe. Darum, dass eure Liebsten mit euch feiern möchten und euch hochleben lassen. Wenn etwas nicht genau so gelingt, wie geplant, wenn das Wetter nicht mitspielt, wenn die Ohrringe nicht mehr aufzufinden sind – bleibt gelassen. Jemand sorgt dafür, dass alles gut wird. Umso wichtiger ist es, dass möglichst jeder von euch beiden während des Festes einen festen Ansprechpartner hat, an den ihr euch wenden könnt und der Sorge dafür trägt, dass das jeweilige Problem aus der Welt geschafft wird.

Sicher kann an dem Tag noch etwas schiefgehen. Aber es gibt immer eine Lösung. Meine Güte, wenn ich mich an diesen Berliner Regisseur erinnere! Seine Hochzeit fand in Kampen auf Sylt statt. Während die Braut mit ihrem Getting Ready beschäftigt war, saß er, der Bräutigam, noch lässig mit seinen Kumpels zusammen. Nö, er hatte es überhaupt nicht eilig, weil die Stylistin mit seiner Herzensdame noch mindestens zwei Stunden beschäftigt sein würde. Also saßen die Burschen entspannt zusammen, redeten über dies und jenes und feierten sozusagen den Junggesellenabschied nach.

Dann wurde die Zeit aber doch plötzlich knapp. Also machte er sich endlich auf zum Hotel, um sich umzuziehen. Und dann das: ein Loch in seinem Smoking-Hemd! Das Unglück muss in der Reinigung passiert sein, er hatte das Hemd, ein Hugo Boss Slim, eigens dorthin gegeben, weil er es nicht ungewaschen tragen wollte. Ahnungslos hatte er es dann, in Seidenpapier gehüllt, in seinen Koffer gepackt, ohne es noch mal anzusehen – klar, wozu auch. Also, was tat er? Er rief mich an. Wir hatten Glück. Es war noch Samstagvormittag, ich habe herumtelefoniert. Ein Freund kannte in Kampen eine Boutique für edle Herrenmoden und besorgte das gleiche Modell – nur ohne Loch. Was glaubt ihr wohl, wen der Mann anrufen wird, wenn ihr keine Hochzeitsplanerin habt? Na klar, wen sonst als dich – während du beim Getting Ready sitzt!

Selbst wenn die Oma in München festsitzt, die nach Mallorca kommen sollte, weil ihr Flug gestrichen wurde: Es gibt eine Lösung, wenn man die richtigen Leute an der Hand hat. Die Maschine hatte einen Motorschaden, musste wenden und flog zurück – es war alles nicht vorhersehbar und ohnehin kurz vor knapp. Da musste die alte Dame eben kurzfristig mit dem Privatjet von München abgeholt werden. Und war rechtzeitig vor Ort.

Get-together

Es ist die erste gemeinsame Zusammenkunft vor dem eigentlichen Hochzeitstag, in der Regel am Freitagabend – ich spreche hier gern von »Let's mingle«. Verschiedene Leute, meist aus dem Familien- und näheren Freundeskreis, sind bereits eingetrudelt, bisweilen aus der ganzen Welt. Das große Ziel dieser Veranstaltung ist, dass die fürs Hochzeitswochenende angereisten Gäste, die teilweise sehr stressige Berufe und nicht selten eine strapaziöse Reise hinter sich haben, erst mal ankommen, verschnaufen und etwas trinken. Viele von ihnen haben sich teilweise nie zuvor gesehen, oft nicht einmal voneinander gehört. Daher ist es gut für die Stimmung, wenn man die Gäste am Vorabend schon einmal locker zueinanderfinden lässt. So kennen sie sich bereits ein bisschen, wenn sie am nächsten Morgen zu eurem großen Tag wieder aufeinandertreffen. Unterschätzt nicht, wie wichtig das Gefühl des Vertrautseins ist. Es sollte ein lockeres und unkompliziertes Warming-up für das gesamte Fest sein, bei dem die Menschen schon einmal auf Tuchfühlung gehen. Die Vorfreude der Gäste ist bei solchen Events immer groß. Wenn sie sich bereits kennen, fragen sie sich, wie sehen die anderen jetzt aus, wie geht es ihnen? Vielleicht soll unter ihnen auch jemand verkuppelt werden – und überhaupt: Wer kommt da alles? Eure Gäste haben die Liste der Geladenen ja meist gar nicht gesehen und stellen sich erwartungsvoll auf wunderbare Überraschungen ein. Für so etwas ist diese anfängliche Lockerheit enorm wichtig.

Bedenkt auch, dass sich eure jeweiligen Familien vielleicht noch gar nicht kennen und nun beschnuppern können. Durchaus möglich, dass sich an dem Wochenende zum ersten Mal die vielen Cousinen und Cousins begegnen oder eure Großeltern. Hier sollte einfach Raum zum Kennenlernen und für Gespräche sein.

Noch schöner wird es, wenn ihr diese Auftaktveranstaltung unter ein lockeres Motto stellt, wie sie bereits beschrieben wurden und zu denen ihr auch Dresscodes ausgeben könnt (→ S. 86). So feiern alle schon mal auf eine andere Art miteinander, als sie es gewöhnt sind. Das fördert das gemeinsame Erleben. Die Anwesenden haben auch gleich ein paar Anknüpfungspunkte, wenn sie aufeinandertreffen und sich darüber austauschen, wie diese und jene das Motto umgesetzt haben. Man kann da auf die verrücktesten Ideen kommen, die eure Gäste richtiggehend zusammenschweißen. Feiert ihr irgendwo im warmen, wettersicheren Süden unweit vom Meer, könnt ihr das Get-together als lässig-elegante Beachparty planen oder alternativ als Poolparty in einem besonders schönen Hotel mit großem Pool-Bereich. Stimmt die Dekoration auf das Motto ab: Wasser kommt als Design-Element immer gut, gerade in Kombination mit dem Motto *All in White*, da kommen die Gäste sofort in Stimmung.

In den Planungsgesprächen zum Get-together hatte ich übrigens noch keine Braut, die nicht ihre Sorge darüber geäußert hätte, dass sich an dem Abend vor allem die Männer derart betrinken würden, dass sie am nächsten Morgen nicht rechtzeitig aufstehen oder verkatert in die Kirche kommen würden. Ich kann euch beruhigen: Bisher hatte ich noch keinen einzigen Fall, in dem so etwas tatsächlich geschehen ist.

Das Get-together startet in der Regel um 19 Uhr – auch hier erst mit einem Champagnerempfang, Canapés und stimmungsvoller Musik. Es geht über in ein gemeinsames Abendessen und dauert meist fünf bis sechs Stunden. Bedenkt, dass es sich um eine Auftaktveranstaltung handelt, bei der ihr auf keinen Fall schon das ganze Feuerwerk verballern dürft. Daher sind auch noch nicht alle Dienstleister gefordert, sondern zum Beispiel nur eine Hand voll Musiker, um den Abend zu untermalen. Zwar sollte durchaus getanzt werden können, aber es braucht noch nicht die große Starbesetzung zu sein. Ideal ist, einen dramaturgischen Spannungsbogen aufzubauen. So könnt ihr euch am nächsten Tag auf jeden Fall noch steigern.

D-DAY – ES IST SO WEIT!

Getting Ready und Stylen

Selbstverständlich beginnt dieser Tag damit, dass die Braut beim sogenannten Getting Ready geschminkt wird. Dazu trifft sie sich mit der Stylistin in einem für Hair & Make-up ausgewählten und zur Garderobe hergerichteten Zimmer. In der letzten Nacht schlaft ihr womöglich nicht im selben Raum, und danach, liebe Braut, soll dich dein Mann ja erst einmal nicht sehen. Und zwar von dem Moment an, wenn sich beide zurechtmachen, das ist aus traditioneller Sicht ein sehr wichtiger Punkt. Das Hochzeitskleid wird bereits am Vorabend dort untergebracht, denn auch das soll der Bräutigam ja nicht vor der Trauung zu Gesicht bekommen.

Achtet darauf, dass der Raum genug Platz hat, etwa für die Ausstattung der Stylistin. Auch sie muss ihr Zauberwerkzeug aufbauen – und das ist eine ganze Menge Zeug. Die nächsten zwei Stunden gehören nun Haaren und Make-up. Manche brauchen auch drei oder vier Stunden. Ich finde allerdings, dass alles,

was an diesem Tag über zwei Stunden hinausgeht, zu nerven anfängt. Schließlich gab es zuvor Termine fürs Probestyling, und
am Hochzeitstag muss jeder Handgriff sitzen. Da weiß die Braut
Bescheid, was gemacht werden soll. Und da weiß die Stylistin –
na sowieso! – Bescheid.

Meistens ist es übrigens so, dass dieses Getting Ready im Frau-
enkreis geschieht. Oft sind die Mutter und die Schwiegermutter
dabei, die sich die Verwandlung der (Schwieger-)Tochter in eine
märchenhafte Braut nicht entgehen lassen möchten oder ebenfalls noch gestylt werden wollen. Wenn es im Vorfeld so bespro-
chen wurde, erhalten Schwestern und Cousinen, enge Freundinnen beziehungsweise die Brautjungfern ebenfalls ein Make-up.
Hierbei schadet es übrigens nicht, wenn es da schon einmal ein
Gläschen Champagner gibt. Das ist gut für den Kreislauf, und es

ist gut für die Nerven. Und weil Bräute danach auch so schnell nichts zu essen bekommen, sondern allenfalls etwas trinken, sollten kleine Häppchen bereitstehen.

Brautstrauß und Boutonnières

Nun hängt das Brautkleid an seinem Platz, die Schuhe ebenso. Aber ist auch der Brautstrauß da? Er müsste morgens vom Floristen geliefert worden sein, gemeinsam mit den Blüten zum Streuen und den kleinen Kränzen für die Blumenkinder. Hoffentlich sind auch die passenden Boutonnières für den Bräutigam gekommen – die kleinen Blumengebinde zum Anstecken für die Herren werden gerne mal vergessen. Um die Verteilung des Blumenschmucks muss sich jemand kümmern, ihr selbst habt dazu keine Zeit.

Die Boutonnières müssen in die Zimmer der Männer gebracht werden, die sich ja ebenfalls fertig machen – nur dass sie in der Regel keine zwei Stunden brauchen. Meist genügt ihnen eine halbe. Dabei sollte eine Trauzeugin oder jemand, der sich auskennt, assistieren und darauf achten, dass alles sitzt und gut aussieht. Nach meiner Erfahrung hängen die Blumenanstecker bei den Herren oft auf halb acht. Auch ist grundsätzlich immer einer dabei, der verzweifelt ruft: »Kann nicht jemand 'ne Fliege binden?!«

Denkt daran, dass die Fotografin zum Getting Ready kommen wird. Denn auch davon wollt ihr gewiss Erinnerungsbilder haben. Seht also zu, dass der Raum einigermaßen ansehnlich ist und nicht unnötig viel Chaos herrscht. Sind die Damen fertig, macht die Fotografin draußen oder im Vorraum noch ein paar abschließende Bilder.

Anfahrt

Zuvor müsst ihr festgelegt haben, wann Abfahrt ist, wo geparkt werden kann und wie ihr wieder zurückkommt. In jedem Fall braucht ihr einen oder mehrere Fahrer. Und einen Ablaufplan: Wann fährt die Braut mit dem Brautvater los, wann folgt der Bräutigam, die Trauzeugen? Soll jemand vorausfahren? Fahrt ihr auf unterschiedlichen Strecken? Hier muss im Vorfeld unbedingt die Verkehrslage gecheckt werden.

Trauzeremonie

Klärt bei einer kirchlichen Trauung, wer die Kirchenhefte verteilt. In der Räumlichkeit sollten zumindest die ersten beiden Reihen fest für die Familie reserviert und die geplante Sitzordnung deutlich sichtbar festgelegt werden.

Nun ist die Trauung an sich auch ein Riesenakt. Wie genau er am besten durchstrukturiert ist, soll euch einmal folgendes Beispiel zeigen:

10.00 – 10.04	Einschreiten des Brautzugs zur Orgel
10.04 – 10.05	Willkommen
10.05 – 10.08	Erstes Lied
10.08 – 10.10	Gebet
10.10 – 10.13	Lesung
10.13 – 10.22	Zweites Lied / Orgel
10.22 – 10.35	Predigt
10.35 – 10.43	Hochzeitszeremonie
10.43 – 10.50	Drittes Lied oder Orgelsolo
10.50 – 10.55	Fürbitten
10.55 – 10.58	Viertes Lied
10.58 – 11.02	Vaterunser (alle stehend)
11.02 – 11.06	Fünftes Lied
11.06 – 11.12	Orgelsolo und Auszug aus der Kirche
11.20	Ende der Trauung

Je präziser ihr die einzelnen Elemente hier geplant habt, desto weniger verzögert sich der darauffolgende Ablauf.

Seht daher zu, dass ihr direkt nach der Zeremonie zum Champagnerempfang kommt und nicht von mehr und mehr Gratulanten aufgehalten werdet, damit hier auf keinen Fall größere Verzögerungen eintreten. Es ist sinnvoll, den Empfang in der Nähe des Trauortes zu geben. Vielleicht sogar in Fußnähe, weil euch dann die gesamte Festgesellschaft folgt.

Um euch charmant aus der Affäre zu ziehen, könnt ihr euch aber auch, wenn ihr aus der Kirche kommt, umgehend in eurem Brautwagen zur Location fahren lassen. In dem Fall müssen auch die Gäste wieder draußen von den Autos in Empfang genommen und zur Location des Champagnerempfangs gebracht werden. In Italien zum Beispiel, gerade in einem kleinen Ort mit engen Gassen, sind Konvois von hupenden Autos natürlich auch für die Einwohner ein Erlebnis. Es kann durchaus sein, dass sich euch einige begeisterte Fremde anschließen und hinter euch ein gewaltiges Hupkonzert veranstalten. Oder kopfschüttelnd die Fenster schließen.

Empfang nach der Trauung

Der Champagnerempfang nach der Trauung ist unter anderem dafür vorgesehen, dass die Anwesenden euch ihre persönlichen Glückwünsche aussprechen können. Hier fällt schon mal die erste Spannung ab, die eine Hochzeitszeremonie mit sich bringt. Die Stimmung wird sich nun lockern, die Aussicht auf das Anschneiden der Hochzeitstorte tut ihr Übriges. Kurz gesagt, alle sind glücklich und stürmen auf euch ein. Normalerweise sind die ersten Gratulanten selbstverständlich eure Familien. Entferntere Freunde halten sich für gewöhnlich erst mal zurück und kommen dann nach und nach auf euch zu. Hier ist jetzt auch genügend Zeit für die Fotografin beziehungsweise die Fotografen, eure Gäste gut aufs Bild zu bekommen. In der Kirche ist das erfahrungsgemäß schwierig, wenn die Zeremonie nicht gestört werden soll.

Die Gäste werden mit Champagner und Canapés empfangen, die das Service-Team auf Tabletts anbietet – bis zum Dinner dauert es ja noch eine Weile. Zwischendurch haben eure Gäste natürlich Hunger, und die Wirkung des Champagners auf quasi nüchternen Magen ist nicht zu unterschätzen. Übrigens gilt das auch für euch selbst. Trinkt zwischendurch lieber mal Wasser oder Fruchtsäfte. Denn eure Nervosität trägt einiges zu der Wirkung bei.

Ein Trio aus Saxophon, Gesang und Klavier sorgt für leichte musikalische Untermalung, ohne die Gespräche zu stören. Auf Empfängen, bei denen man sich beispielsweise an einen Strand begeben kann, nehme ich gern einfach nur ein Saxophon, weil die Live-Musik die Gäste begleiten kann.

Für das gesamte Prozedere solltet ihr eine bis anderthalb Stunden veranschlagen. Aus naheliegenden Gründen braucht es hier auch keine Showeinlage. Die einzige Ausnahme ist selbstverständlich das Anschneiden der Hochzeitstorte. Hier hat dieses Highlight, das zu einer festen Zeit eingeplant ist, seinen allerbesten Platz. Sie kann euch übrigens auch als Anlass dienen, sich allzu ausführlichen Gratulationswünschen zu entziehen, wenn es zeitlich knapp wird. Jeder wird Verständnis haben, wenn ihr euch entschuldigt mit der Erklärung: »Sieht aus, als dürften wir nun die Torte anschneiden!«

Achtet darauf, den Empfang so kurz wie möglich zu halten – etwas, worüber ihr eure Gäste optimalerweise bereits in der Einladung informiert habt. Wobei sich die Länge natürlich danach richtet, wie viele Gäste, also Gratulanten insgesamt, versammelt sind. Ihr könnt pro Gast mindestens eine halbe Minute rechnen.

Das ergibt bei dreißig Gästen fünfzehn Minuten, bei hundertfünfzig bereits fünfundsiebzig Minuten. Dabei ist eine halbe Minute sehr knapp bemessen, weil die meisten auch ein Geschenk dabeihaben werden. Selbst wenn ihr euch für einen digitalen Gabentisch entschieden haben solltet, übergeben die Gäste fast immer etwas, weil sie auf keinen Fall mit leeren Händen dastehen möchten – und wenn es nur ein Blumenstrauß oder eine Flasche Champagner ist. Achtet deshalb darauf, dass diese Gaben schon vor der Gratulation abgegeben werden können, sonst steht ihr als Brautleute plötzlich mit Armen voller Pakete da und wisst nicht, wohin damit. Vielleicht übertragt ihr die Aufgabe, die Geschenke für euch anzunehmen, einer vertrauten Person. Dann habt ihr das in der Einladungskarte vermerkt. Womöglich habt ihr auch gut sichtbar einen Tisch aufstellen lassen oder sogar einen eigenen Raum für die Geschenke reserviert. Wenn sie dann jemand für euch dorthin bringt und sie nachts, wenn ihr selbst noch feiert und tanzt, zu euch ins Hotelzimmer bringt, ist es perfekt.

Ihr werdet euch übrigens wundern, wie schnell dieser Empfang vorübergeht. Bei so vielen Gratulanten und Geschenken, zwischen Champagner, Canapés und Hochzeitstorte, ist es gar nicht so einfach, sich aus der Szenerie zu schälen. Damit sich aber dieser Abschnitt, der ja nur einer von vielen ist, bei all den angeregten Plaudereien nicht doch auf drei Stunden hinzieht, ist es wichtig, ein deutliches Ende zu signalisieren. Entweder verschwindet ihr einfach, sodass sich auch die Gesellschaft auflöst. Oder der Service und die Musik beenden ihre Aktivitäten. Eure Gäste werden registrieren: Nun ist das Brautpaar weg, die

Musik hat aufgehört, es gibt auch keine Verköstigung mehr. Okay, jetzt geht es in die angekündigte Pause.

Hier kann es sehr sinnvoll sein, wenn ihr jemanden sozusagen als Zeremonienmeister einsetzt, der sich darum kümmert – jemand, der die Gäste informiert, sie gegebenenfalls zu den anderen Örtlichkeiten lotst und vor allem auf Fragen die richtigen Antworten hat. Es gibt immer mal ratlose Gäste, die etwa den Ablaufplan zu Hause liegen lassen haben – hängt also hier und da ein paar Exemplare sichtbar aus. Und auch so kommen noch genügend Fragen auf, zu deren Beantwortung ihr keine Zeit haben werdet.

Der Zeremonienmeister nimmt sich an diesem Tag die Zeit – er sollte sich darauf vorbereitet haben und den Ablauf genau kennen. Am Ende dieses ersten Empfangs kann er zum Beispiel sagen: »So, es neigt sich jetzt dem Ende zu, bitte geht in eure Pausen. Wir treffen uns um soundso viel Uhr dort und dort wieder.« Er kann es aber auch sein, der eure Gäste von der Kirche zum Empfangsraum führt. Am besten wäre es, wenn sein Name und seine Kontaktdaten schon auf der Einladungskarte vermerkt sind. So könnt ihr euch nach den Gratulationen ganz entspannt entfernen, ohne unruhig sein zu müssen.

Pause zwischen Empfang I und II

Rechnet hierfür bitte einen Zeitraum von zwei bis drei Stunden. Für euch, aber auch für eure Familien, finden jetzt die Foto-Shootings statt. Auch hier empfiehlt es sich, jemanden damit zu beauftragen, der die entsprechenden Leute zusammentrommelt und ihnen sagt, dass sie jetzt dran sind und wohin sie sich begeben sollen. Dazu muss er die Personen natürlich kennen und wissen, wo er sie finden kann.

Die übrigen Gäste haben unterdessen freie Zeit zur Verfügung. Wenn sie in der Location vor Ort untergebracht sind, müssen sie sich noch nicht gleich umziehen. Doch nicht jeder mag sich nun hinlegen und warten, bis es weitergeht. Also bietet ihnen Alternativen an. Es kann nicht schaden, wenn ihr für die Gäste ein paar Programmvorschläge ausgearbeitet habt, falls sie nicht wissen, was sie jetzt machen sollen. Lasst beispielsweise eine Fotobox aufstellen. So etwas ist für die Gäste eigentlich immer eine tolle Sache. Ganz klasse ist zum Beispiel ein Foto-Bus. Oft wird da ein Oldtimer platziert, in den sich die Gäste setzen und fotografieren lassen können. Da entstehen die fantasievollsten Bilder.

Oder ihr lasst, wenn ihr mal an die Idee mit dem James-Bond-Abend denkt, hier noch mal eure Gäste vor den Aston Martins posieren. Sehr schön ist auch eine fahrbare Barista-Station, wo die Gäste sich verschiedene Kaffeespezialitäten zubereiten lassen können. Gerade im Sommer hat sich ein Eiswagen oder eine Eisbar bewährt. Natürlich könnt ihr in der Zeit auch Artisten auf Stelzen herumlaufen lassen, die die Anwesenden unterhalten. Das kommt besonders bei den Kindern gut an. Ungeachtet dessen sollte das durchgehende Kinderprogramm laufen. Was unter anderem wunderbar funktioniert, ist eine Art Zirkus-Programm während der Pausen, wenn es zum Stil eurer Hochzeit passt. Oder Pfeil- und Bogenschießen, selbstverständlich unter der Anleitung eines Profis. Eine besonders edle Version wäre da japanisches Bogenschießen.

An sehr schönen Orten könnt ihr zum Beispiel kurze Besichtigungen anbieten. Bei einer Hochzeit in Hamburg habe ich auch einmal Rundfahrten mit den kleinen Alster-Dampfern organisiert. So etwas wird immer dankbar angenommen. Rückt einfach ins Zentrum, was den von euch gewählten Ort besonders macht. Dann bekommen eure Gäste noch einmal etwas zu sehen, was von der Hochzeit unabhängig ist. Überhaupt sind kleine Bootstouren immer wunderbar, wenn ihr ohnehin am Wasser seid. Dabei solltet ihr bitte darauf achten, keine unvorhersehbaren Ereignisse zu riskieren, deretwegen eure Gäste dann nicht rechtzeitig zurückkommen. Unterschätzt nicht, wie schnell die Zeit in dieser Pause rast. Füllt die Gäste nicht zu sehr mit umfangreichen Ausflügen und Programmpunkten auf.

Es ist sowieso alles sehr aufregend. Lasst allerdings – insbesondere die männlichen – Gäste nicht einfach nur die Zeit an der Bar »abhängen«. Diese sollte in der Pause ohnehin am besten geschlossen bleiben.

Ein wichtiger Punkt ist sowohl für euch wie für eure Gäste, dass ein Zeitfenster eingeplant ist, in dem man sich für den Abend umziehen kann. Das habt ihr im Ablaufplan vermerkt, genau wie den Dresscode. Wenn für mittags ein *Cut* angesagt war und für abends ein Frack, dann sollte eben auch berücksichtigt sein, wie viel Zeit man braucht, um sich nach der Pause frisch zu machen und umzuziehen.

Hier steht besonders für die Braut noch mal ein gesondertes Treffen mit der Visagistin an. Nachdem sie zur Trauung einen natürlichen Teint mit ein wenig Glow getragen hat, darf es zum Dinner und für die Feier gerne etwas mehr sein. Das heißt, ihr braucht eine neue Maske, die zum Abend-Outfit passt – in der Regel tragt ihr da kein Brautkleid mehr.

Hier bewährt sich nun die Ganztages-Betreuung, die morgens mit dem Getting Ready begann, die Foto-Shootings während der Pause begleitet und abends noch mal voll zum Einsatz kommt. Spätestens jetzt versteht ihr, warum es so wichtig ist, dass ihr die Visagistin auch mögt. Sie achtet darauf, dass die Braut zu jedem Zeitpunkt toll aussieht. Wann immer sich mal ein Fettfilm bildet, auch eben über den Tag, wird sofort abgepudert.

Spätestens jetzt merkt ihr aber wahrscheinlich auch, dass gerade die Braut an diesem Tag das volle Programm durchläuft und eigentlich keine Minute für sich alleine hat. Die Füße hochlegen kann sie allenfalls in der Zeit, in der sie das Fresh-up bekommt. Betrachtet deshalb die Zusammenkünfte mit der Visagistin als Regenerationsphasen und den Raum als Oase der Ruhe, in dem ihr euch von hinten bis vorne umsorgen lasst. Nur hier könnt ihr wirklich mal verschnaufen.

Für den Bräutigam ist das Thema nicht ganz so relevant. Zwar bieten Visagisten ihre Künste auch für Herren an, diese werden aber in den seltensten Fällen wahrgenommen, vor allem nicht das komplette Programm inklusive Frisur. Höchstens lassen sich die Herren vor den Foto-Shootings ein klein wenig abpudern. Schließlich wollen auch sie auf den Bildern glänzen, allerdings nicht unbedingt durch ihre Haut. Es ist nun mal unvermeidbar, dass ihr zwischendurch ins Schwitzen geratet, wenn ihr den ganzen Tag auf den Beinen seid und dabei so viele aufregende Momente durchlebt.

Wenn die Abend-Location außerhalb eures Hotels liegt, habt ihr dafür gesorgt, dass die Gäste nach der Pause einen Shuttle-Service nutzen können. In einem Fall lag sogar ein See zwischen den beiden Orten. Da mussten zuvor Fährverbindungen recherchiert und dafür gesorgt werden, dass auf den Schiffen noch genügend Plätze waren. Gerade da darf auf keinen Fall der Zeitplan aus dem Blick geraten. Daher ist es hilfreich, einen Zeremonienmeister zu haben, der den Gästen sagt: »So, ihr müsst jetzt wirklich los« und ihnen gegebenenfalls auch den Weg zeigt.

Abendempfang

Ich selbst achte immer darauf, dass der Abendempfang anderswo stattfindet als der Mittagsempfang, wo sich die Gästeschar auch mal verstreuen kann. Um das beim Abendempfang zu vermeiden, sollten sich alle in einem Vorraum oder auf der Terrasse versammeln. Auch hier gibt es erst einmal nur eine dezente klassische Musikuntermalung im Hintergrund sowie, wenn die Gäste nach und nach eintreffen, Champagner und Canapés. Auf diese Weise stellt ihr sicher, dass sich nicht schon einige auf ihre Plätze setzen, während andere noch gar nicht da sind. Zumal der prächtig geschmückte Hochzeitsdinner-Saal allen Anwesenden zugleich präsentiert werden soll – wie in der Oper, wenn vor allen Zuschauern der Vorhang hochgeht und den Blick in eine fantastische Welt freigibt. Es ist immer ein ganz besonderer Moment, wenn die Gäste gemeinsam in den Dinner-Saal strömen und unter großem Staunen ihre Sitzplätze einnehmen.

Zuvor habe sie auf dem Empfang etwas Zeit für Plaudereien oder die Gelegenheit, sich etwa gegenseitig zu bestätigen, wie gut man aussieht usw. Doch plant für diesen Abendempfang, allerhöchstens eine Stunde ein. Hier sollte es ebenso wenig wie mittags Acts oder Shows geben. Im Grunde ist diese Zeit nur dazu gedacht, alle zu versammeln, um sicherzugehen, dass auch alle eingetroffen sind, bevor sich die Pforten in den Abend und die Partynacht auftun.

Dinner & Reden

Wenn nun die Gäste vom Abendempfang in den geschmückten Dinner- und Festsaal eingelassen werden, ist es besonders wichtig, dass die Tischordnung perfekt steht. Damit sie auf der Suche nach ihren Plätzen nicht zwischen den Tischen hin- und herirren, müssen die Gäste die Tischnummer oder den Namen des Tisches kennen. Dazu werden links und rechts des Eingangs meistens Tafeln aufgebaut, auf denen die Anordnung der Tische dargestellt und die Namen darauf erkennbar sind. So sieht jeder auf den ersten Blick, wohin er muss. Trotzdem merke ich immer wieder, wie wichtig auch hier ein Zeremonienmeister ist, der direkt auf Nachfragen antworten und die Gäste zu ihren Plätzen geleiten kann. Bei größeren Veranstaltungen würde ich einfach zwei Leute am Eingang platzieren, einer rechts, einer links, jeder mit dem Plan in der Hand – egal, ob auf Papier oder dem iPad –, auf dem die Namen der Gäste und die zugehörigen Tische verzeichnet sind. Ihr glaubt gar nicht, wie viele Leute sich trotz der Tafeln verloren fühlen – gerade bei größeren Hochzeitsgesellschaften.

Wie aber macht ihr klar, dass es nun vom Abendempfang zum gesetzten Essen geht? Nun, ihr könnt einfach nur die Türen öffnen lassen. Doch ein akustisches beziehungsweise musikalisches Signal macht sich hier besonders gut. Ich erinnere mich an eine Hochzeit, bei der in diesem Moment Fanfaren ertönten. Sie waren aus der Ferne zu hören, weil die Bläser auf den Türmen des Schlosshotels postiert waren. Oder ihr lasst die leise Musikuntermalung des Abendempfangs verstummen, lasst die Türen öffnen und von der Tanzfläche am anderen Ende des Saales die Fanfare erklingen. Zusammen mit dem glitzernden, strahlenden Saal kann dieser Moment ungeheuer beeindrucken.

Wichtig ist nun vor allem, dass die Gäste vom Abendempfang möglichst reibungslos an ihre festgelegten Plätze kommen. Denn die Küche folgt einem präzisen Zeitplan, den sie einhalten muss, um die Qualität der Gerichte zu gewährleisten. Da muss es wirklich zackig gehen. Achtet bitte bei der Planung darauf, dass der erste Gang nicht zu spät serviert wird. Sonst ist es bereits Mitternacht, bis ihr mit dem Essen durch seid und die eigentliche Party losgeht.

Ich hatte einmal eine Hochzeit, bei der die drei Locations für Zeremonie sowie Mittagsempfang, Abendempfang sowie Essen und schließlich für die Party räumlich so weit auseinanderlagen, dass die Fahrt von Ort zu Ort teils eine Stunde dauerte, abends sogar anderthalb. Da konnte der erste Gang erst um 21.30 Uhr serviert werden. Seht in eurem eigenen Interesse zu, dass ihr so etwas vermeidet.

Doch wie eng der Zeitplan auch sein mag, eure Gäste brauchen das nicht zu spüren. Ihnen muss alles so geschmeidig wie nur möglich vorkommen, selbst wenn eure Dienstleister unter Strom stehen. Das ist Teil ihres Jobs.

Ich empfehle euch, das Dinner nicht umfangreicher als dreigängig zu gestalten. Denkt immer daran, dass ja anschließend eine Party folgen soll. Auch darum finde ich ein sogenanntes »Flying

Dessert« vernünftig, für das sich die Gäste bereits erheben und bewegen können.

Im Zusammenhang mit der Abfolge denkt auch an die Reden: zwischen jedem Gang eine. Keine aber sollte länger als zwei, höchstens drei Minuten dauern – auch wenn sich das in der Realität nicht immer einhalten lässt. Manchen fällt währenddessen noch etwas ein, das gar nicht in ihrem Manuskript steht, oder sie sprechen ohnehin nur nach Stichwortkarten. Nicht jeder hat zuvor seinen Auftritt geprobt, sodass ihm selbst nicht klar ist, ob er die Zeitvorgabe einhalten wird. Also baut einen Puffer ein, der allerdings für die Küche noch praktikabel ist.

Man glaubt übrigens im Allgemeinen, dass vor allem in der Kirche viel geweint wird. Aber das stimmt nicht. Die meisten Taschentücher werden tatsächlich abends bei den Reden verbraucht. Vor der Vorspeise eröffnet ihr natürlich selbst den Abend mit einer kleinen Begrüßungsansprache. Die zweite Rede hält traditionsgemäß der Brautvater. Meist möchte dann noch jemand sprechen. Hier ist es unumgänglich, dass alle Reden vorher angekündigt worden sind, sodass ihr sie in den Ablaufplan mit aufnehmen konntet. Das ist sehr viel einfacher, wenn eine Wedding-Planerin involviert ist, die alle Programmpunkte koordiniert. Gebt daher bereits auf der Einladungskarte bekannt, dass sich Rednerinnen und Redner anmelden möchten und dass es kurzfristig nicht mehr möglich ist, spontane Reden unterzubringen. Vom Einhalten der Zeit hängt immer auch die Performance der Küche ab. Ihr macht euch keine Vorstellung, wie minutengenau dort geplant wird – umso genauer, je komplexer die Gerichte sind. Zum Beispiel vertragen manche Saucen es überhaupt nicht, auch nur drei, vier Minuten lang warm gehalten zu werden. Gute Köche kochen auf den Punkt. Ich empfehle auch, dass der Zeremonienmeister oder eine Trauzeugin zu Beginn des Dinners kurz ankündigt, wer zwischen den Gängen eine Rede halten wird. Dann fällt es allen sehr viel leichter, sich zu konzentrieren.

Für die gesamte Essens- und Redefolge veranschlagt bitte nicht mehr als zwei Stunden. Andernfalls werden eure Gäste nämlich müde, was kein guter Zustand ist, um eine rauschende Party starten zu lassen.

Natürlich werden auch hier die Kinderbetreuer eingesetzt, und zwar in einem gesonderten Raum, in dem die Kinder spielen können. Ein zweieinhalb- oder vierjähriges Kind wird ganz sicher nicht zwei Stunden nur dasitzen können. Also informiert die Kleinen vorher über das Angebot und die Möglichkeit, sich dorthin zu begeben oder sich an die Betreuer zu wenden, wenn sie bereits nach der Vorspeise satt sind.

Let's Party!

Stellt euch vor, dass ihr jetzt zwei Stunden gesessen habt und ziemlich satt seid. Eigentlich möchte man danach nur noch auf die Couch. Um diese durchaus nachvollziehbare Erwägung zu verscheuchen, müsst ihr eure Gäste dazu bringen, so schnell wie möglich aufzustehen. Etwa, indem ihr den ersten Höhepunkt des Abends ankündigt. Hierfür bietet sich der letzte Redner an, der seinen Beitrag beispielsweise damit abschließt, dass er alle für ein Feuerwerk nach draußen bittet – natürlich auch die

Kinder. Etwas naheliegender wäre der traditionelle Eröffnungstanz des Brautpaares. Wenn ihr die Tanzfläche betretet und damit beginnt, könnt ihr davon ausgehen, dass euch alle folgen und die Tanzfläche umringen werden, um euch zuzusehen. Versteht die Live-Band ihren Job, wird der Dancefloor im Nu belebt sein, und der Übergang vom Dinner zur Party verläuft geradezu organisch, ohne jede Aufforderung oder Show-Unterbrechung. Ich finde so etwas eigentlich am allerschönsten, zumal für das Feuerwerk dann immer noch um Mitternacht genügend Zeit ist.

In jedem Fall muss die Band nach eurem Eröffnungstanz richtig loslegen. Dann wird auch gar nicht sonderlich auffallen, dass die Servicekräfte wie unsichtbare Heinzelmännchen die Teller abräumen. Auch hier sollte alles so flüssig wie möglich vor sich gehen. Natürlich werden Kellnerinnen und Kellner weiter durch den Raum schweifen, um Getränke nachzuschenken. Zusätzlich kann jetzt die Bar eröffnet werden, etwas, das meiner Erfahrung nach besonders gern von den Herren in Anspruch genommen wird, vor allem von solchen, die sich zieren, das Tanzbein zu schwingen. Wenn sich die Bar nahe der Tanzfläche befindet, lässt sich in dieser Hinsicht jedoch recht gut gegensteuern.

Meiner Erfahrung nach ist es weder sinnvoll noch notwendig, die Party mit Showeinlagen aufzuhübschen. So etwas geht meist nach hinten los, es sei denn, ihr habt einen »Special Guest«, etwa einen Entertainer, der die Stimmung noch besonders anzuheizen versteht. Dieser Show-Act muss dann richtig Pfeffer haben, alles andere würde die Veranstaltung eher lähmen. Sind die Leute nämlich erst mal von der Tanzfläche runter, ist es schwierig, sie wieder dorthin zu bekommen.

Den DJ solltet ihr erst nach Mitternacht einsetzen, wenn die Blöcke der Live-Musiker vorüber sind und sie ihre Zugabe gegeben haben. Danach sollte der Übergang möglichst nahtlos vonstattengehen, ein guter DJ oder eine gute D-Jane werden ihre ersten Stücke an die Band anpassen, sodass der Wechsel so wenig wie möglich zu spüren ist. Musiker und DJs sprechen sich deshalb im Vorfeld ab. Der Sinn eurer Party ist nämlich nur noch: zu feiern, zu feiern, zu feiern.

Schon deshalb ist es wichtig, euren Gästen einen Mitternachtssnack anzubieten. Er ersetzt quasi das, was früher (unpassenderweise) die Hochzeitstorte war. Zwar begeben sich die Leute dazu kurz von der Tanzfläche. Aber sie müssen sich eben nicht wieder hinsetzen. Stattdessen wird ein Buffet aufgebaut, an dem man sich bedienen kann. Wobei die Gerichte so schlicht wie möglich sein dürfen. Es geht ja lediglich um die Zufuhr von Kohlenhydraten, damit eure Gäste zum Tanzen bei Kräften bleiben. Ihr werdet es nicht glauben, aber egal, wie edel eine Party auch sein mag, am besten kommt hier die klassische Currywurst an, dazu Kartoffelsalat. Auf jeden Fall sollte es etwas Handfestes sein. Egal, ob Mini-Burger, Heringssalat oder eingelegte Gurken – solche Snacks werden von allen Gästen mit großer Freude angenommen.

Zu Ende geht die Party im besten Fall morgens gegen sechs. Am schönsten ist es, wenn man zum Abschluss den Sonnenaufgang mitbekommt. Wobei ihr selbst euch durchaus schon längst für eure Hochzeitsnacht zurückgezogen haben könnt. Wenn ihr, sagen wir, gegen zwei Uhr nachts den polnischen Abgang gewählt habt und plötzlich verschwunden seid, wird das bestenfalls mit Wohlwollen bemerkt werden. Was aber nicht heißt, dass damit die Party beendet ist. Im Gegenteil, das ist erst recht ein Grund zum Weiterfeiern und sollte das auch sein. Niemand erwartet von euch, dass ihr ausharren müsst, bis der letzte Gast in die Morgenröte hinausgetorkelt ist.

Abtauchen

Natürlich gibt es für das Brautpaar auch noch eine andere Variante, das Fest zu verlassen. Ihr könnt zum Beispiel mit großem Tamtam euren Abschied zelebrieren, was sicher optisch am beeindruckendsten rüberkommt. Es ist szenisch wunderschön, wenn ihr vor den Augen aller in euren Wagen steigt und unter Jubel und Applaus in die Nacht (oder in den Sonnenaufgang) entschwebt. Großes Kino also. Bisweilen entschieden sich von mir betreute Paare sogar dazu, direkt von der großen Party aus in die Flitterwochen aufzubrechen. Dazu kombinierten wir einmal direkt ein Feuerwerk – was einen wahnsinnigen Effekt hatte und übrigens dazu führte, dass die zurückbleibenden Gäste ganz besonders ausgelassen weiterfeierten, ja: dieses Fest zelebrierten! Obendrein war es eine grandiose Mondnacht, und als die Feuerwerk-Pirouetten langsam als grauer Dampf niedersanken, leuchteten Millionen Sterne am Himmel. So etwas lässt sich selbst von einem Wedding-Planer nicht unter Garantie einrichten, doch wenn der Rest gut organisiert ist, muss nur noch Fortuna mitspielen. Wie auch immer ihr es halten mögt, lasst es euch nicht nehmen, euren eigenen Abschied zu einem großen, ja märchenhaften Theaterstück zu machen.

Eine besonders schöne Erinnerung ist es, wenn der Aufbruch in die Flitterwochen auf Video festgehalten wird. Zu nächtlicher Stunde bedarf es allerdings einer gut durchdachten Beleuchtungs-Regie. Wenn ihr an das Brautauto traditionell eine Schnur mit Dosen anhängen wollt, die in der Ferne allmählich verscheppern, hat das sicher eine grandiose – und ohrenbetäubende – Wirkung. Allerdings solltet ihr euch erkundigen, ob solche »Anhängsel« vor Ort erlaubt sind.

Ansonsten könnt ihr auch den Brunch am nächsten Tag wählen, um euer großes Fest auf diese spektakuläre Weise enden zu lassen. Alles strömt dann mit euch noch mal hinaus. Eure Gäste sollten nur vorher wissen, wann euer Aufbruch stattfindet. Dann werden sie sich vielleicht untereinander abstimmen, ohne dass ihr davon wisst. Und begleiten euch noch ein paar Kilometer in ihren Autos mit einem Hupkonzert. Eine letzte große Überraschung also. Symbolisch ist das einfach nur mega.

NACHSPIEL

Der Tag danach

Der Tag nach dem großen Fest beginnt naturgemäß eher spät. Die Gäste kommen noch einmal zu einem sogenannten Freakout beim Brunch zusammen. Die Kinder werden an dem Tag schon früh von den Betreuern aus den Zimmern abgeholt, damit die Eltern ausschlafen können. Die sind dafür ebenso dankbar wie ihre Kinder. Vielleicht lasst ihr noch einmal ein paar der Zirkus-Attraktionen vom Vortag bereitstellen, denn der Brunch kann sinnvollerweise nicht vor elf Uhr beginnen.

Wollt ihr eine leichte musikalische Untermalung? Dann wird entweder das Trio oder der Saxophonist vom Vortag noch einmal spielen. Stimmungsvoll ist auch ein einzelnes Klavier, das leise vor sich hin meditiert.

Am schönsten ist es, wenn ihr die Zusammenkunft am Sonntagmorgen bis etwa 16 Uhr ausdehnen könnt. So kann jeder kommen und gehen, wann er möchte. Zudem bleiben manche Leute gern bis über Mittag im Bett. Wenn sie dann trotzdem noch etwas zu essen bekommen, werden sie sich mit Sicherheit freuen. Vor allem, wenn sie dabei in Gesellschaft sind: Irgendjemand sitzt immer an den Tischen, schon weil sich manche von der Schönheit eures Festes gar nicht trennen möchten. Auch wenn sich spätestens im Lauf des Nachmittags einer nach dem anderen auf die Heimreise begibt.

Dienstleister auszahlen

Ein Wort noch zur Bezahlung der Dienstleister. Die warten natürlich nicht gerne auf ihr Geld, bis ihr aus euren Flitterwochen – womöglich von einer Weltreise – zurück seid. Für die verbleibenden zehn Prozent Restzahlung solltet ihr bereits vor dem Fest die Überweisungen auf den Weg gebracht haben. Online ist das ja sehr leicht, weil ihr das gewünschte Datum eingeben könnt und alles automatisiert abläuft. So habt ihr nach dem Fest damit nichts mehr zu tun.

Am Tag der Hochzeit habt ihr zu gegebener Zeit freilich das Trinkgeld an sie übergeben. Die von mir betreuten Brautpaare sind in dieser Hinsicht immer sehr großzügig und bereiten vorher einen Packen an deutlich adressierten Umschlägen vor. Diese verteilt dann jemand, der damit betraut wurde.

Danksagungen

Die Danksagungen nach der Hochzeit sind unverzichtbar. Im Prinzip können der Text und die Form schon vor der Hochzeit stehen. Im Nachhinein kommt lediglich ein Foto hinzu, das während der Trauzeremonie oder der Foto-Session aufgenommen wurde und vom Grafiker vor Andruck in die Karte eingefügt wird. Mit dem Versenden habt ihr keine Eile. Die Fotos kommen ohnehin erst in einigen Wochen. Außerdem wollt ihr an einige Leute vielleicht noch einen privaten Gruß dazuschreiben. Es ist überhaupt nicht schlimm, wenn das erst zwei, drei Monate nach dem Fest geschieht. Im Gegenteil, dann ruft es eure große Feier noch einmal ins Gedächtnis, mit all ihren wunderbaren Highlights und schönen Momenten.

EPILOG

SEID GLÜCKLICH! –
VERGESST NIE, WORUM ES AN DIESEM
TAG WIRKLICH GEHT

O b es der glücklichste Tag in eurem Leben sein wird? Am Tag der Hochzeit hoffentlich – am Ende eures Lebens hoffentlich nicht. Es soll ja nach dem Hochzeitstag nicht nur noch bergab gehen. Gerade in den Flitterwochen mögen viele weitere solcher Tage folgen. Die habt ihr euch nach den ganzen Vorbereitungen auch verdient. Macht euch bloß nicht zu viele Gedanken und Sorgen, dass irgendetwas schiefgehen könnte. Eure Hochzeit wird traumhaft werden. Ihr werdet glücklich sein. Und seid ihr glücklich, sind es auch die Gäste.

Schneller als man dachte, war er auch schon da, der große Tag. Und plötzlich ist er vorbei. Wie schade, denkt ihr vermutlich – dennoch, macht euch den einzigartigen Erfahrungsschatz bewusst, der euch geschenkt wurde. Eure Freude darüber, diese Tage zusammen mit euren Liebsten verbracht zu haben. Erinnerungen wurden erschaffen, die euch für immer im Gedächtnis bleiben werden. Wie sich eure eigene Freude in den Kommentaren und Glückwünschen der Gäste spiegelte. Wie gejubelt wurde und geklatscht, als ihr euch das Jawort gabt. Denkt an euren Eröffnungstanz, und welch herzerwärmende Überraschung ihr euren Gästen damit bereitet habt – an den Applaus, die bewegenden Reden, die Freudentränen, die glänzenden Augen im Kerzenschein, die eleganten Roben …

Und dann die Ahs und Ohs eurer Lieben, als sich die Tür zum geschmückten Festsaal öffnete! Der erste Eindruck wird eure Gäste geradezu verzaubert haben. Und sie haben es euch bestimmt gesagt, erinnert ihr euch? Dazu nicht nur eure eigene Nervosität, auch die aufgeregte Emsigkeit, während Familie und Freunde ihre Plätze suchten. Das strahlende Lächeln, wenn man sah, neben wem man sitzt. Händeschütteln, Umarmungen, Düfte, die sich vermengten. Am Ende dann die prallvolle Tanzfläche – und dass niemand gehen mochte, auch wenn es schon vier Uhr in der Früh war. Schließlich der »harte Kern«, die letzten zwanzig, dann zehn, die sich einfach nicht lösen konnten.

Ihr seid glücklich gewesen – und seid es noch. Und sollte jemand eine andere Erinnerung haben, so rate ich euch: Lasst euch das, was wirklich gewesen ist, nicht im Nachhinein vermiesen. Irgendwer jammert immer, danach, wenn alles vorbei ist. Dass das Essen zu kalt war oder der Wein zu warm. Die Rede zu leise, die Musik zu laut. Die Torte zu süß, das Sorbet zu sauer. Wenn so etwas passiert, dann traut ausschließlich eurer eigenen

Erinnerung. Ihr wisst genauso wie ich: Es gibt sie, die *perfect imperfection*, diese perfekte Unvollkommenheit. Kleine Patzer können passieren, und wenn schon. Sie machen euer Fest erst individuell – und können noch Jahre später für unterhaltsame Anekdoten sorgen.

Glaubt mir, es geht auch anders. Ich erinnere mich an einen Mann, der nach zehn Jahren Beziehung seine Braut und die gemeinsame Wohnung eines Tages einfach so verließ – ohne ein Wort, ohne eine Vorwarnung, während sie bei der Arbeit war. Das Brautkleid hing bereits im Schrank. Es gab niemals eine Aussprache. Der Mann blieb verschollen. Oder eine libanesische Kundin, die wenige Wochen zuvor die Hochzeit mit ihrem Verlobten in einem Schloss in Deutschland abgeblasen hat. Weil er in den USA Karriere machen wollte, sie sich aber nicht vorstellen konnte, nach Trump-Land umzusiedeln. Auch solche Dinge passieren.

Und schließlich meine Freundin Nicole, deren Mann wenige Tage vor der Hochzeit starb. Alles war bestellt, organisiert, bezahlt. Anstatt auf ihrer Hochzeit zu tanzen, begrub sie ihre große Liebe. Sie ist die tapferste Frau, die ich kenne. Und die Art, wie sie die Erinnerung an ihren Mann hochhält, bewahrt mich davor, all den irdischen Firlefanz zu wichtig zu nehmen.

Wenn also von hundertzwanzig Willkommensgrüßen zwei Stück verloren gehen, ihr aber ansonsten das Fest eures Lebens gefeiert habt, dann war es ein guter Tag. Wenn ihr die Liebe eures Lebens geheiratet habt, wenn ihr gesund seid und am nächsten Morgen in den Armen des anderen aufwacht, dann war das ein wirklich guter Tag. Der beste Tag, um gemeinsam in ein neues Leben zu starten.

Nehmt dieses schöne Gefühl mit in eure Flitterwochen und in euer neues gemeinsames Leben – das ist es, worauf es ankommt.

DANKSAGUNG

Mein erster Dank gilt meinen vier Kindern, sie sind Glück und Sinn meines Lebens. Ich danke meiner Tochter Merle – dafür, dass du mich zu dem gemacht hast, was ich mir immer am sehnlichsten gewünscht habe: Mutter zu sein, eine eigene Familie zu haben. Meinem Sohn Valentin – dafür, dass du mir jeden Tag zeigst, was es heißt, ein Ziel zu haben und es leidenschaftlich, engagiert, mit Disziplin und harter Arbeit zu verfolgen. Meinem Sohn Cosimo – für all die Liebe, die du in dir trägst, und dass du mich niemals die Hoffnung verlieren lässt. Und meinem Nesthäkchen Aimi – dafür, dass Du mir bewusst machst, dass wir unsere gemeinsamen Stunden nicht danach bewerten sollten, wie oft, sondern wie sehr wir sie genießen.

Mit diesem Buch halte ich nun ein ganz anderes Baby in den Händen. Und dennoch: So wie man über Menschenkinder sagt, dass es ein ganzes Dorf braucht, um sie großzuziehen, haben auch zu dessen Gelingen eine ganze Reihe von zauberhaften Menschen beigetragen, denen ich an dieser Stelle für ihre Unterstützung danken möchte. Allen voran meiner Agentin Hanna Leitgeb, die mit der Idee zu diesem Buch an mich herangetreten ist. Ebenso meiner zauberhaften Lektorin Violetta Simon – zwischen uns war es Liebe auf den ersten Blick. Außerdem Florian Riemerschmid für die Gestaltung des Covers und die Illustrationen – très chic!

Dank auch an das großartige Team von HarperCollins, hier ganz besonders an Nannette Elke und Andrea Luck, bei denen ich mich sofort aufgehoben fühlte. Und natürlich Verlagschef Jürgen Welte, der mein puderrosafarbenes Hochzeitsbuch kurzerhand zur Chefsache erklärte und mit seinem Know-how bereicherte. Ebenfalls Danke sagen möchte ich Alban Nikolai Herbst, wundervoller Mensch und Schriftsteller, für unsere besondere Freundschaft und dafür, dass Du mir stets mit Rat und Tat zur Seite stehst.

Und dann sind da noch jene Menschen, die mir Vorbild und Inspiration zugleich sind: Erika und Michael Metgenberg, meine Eltern, mittlerweile seit 50 Jahren verheiratet und immer für mich da. Und meine geliebten Großeltern, die selbst nach 60 Jahren Ehe noch händchenhaltend nebeneinander auf dem Sofa saßen. Ich danke euch.

Und weil Fine Weddings & Parties keine One-Woman-Show ist, gilt mein ganz besonderer Dank meinem Dreamteam und meinen kreativen Partnern innerhalb und außerhalb unseres stylishen Showrooms, ohne Euch wäre all dies gar nicht möglich. Und last but not least: Carin Andresen, Fels in der Brandung, die mir seit Jahren den Rücken freihält und unsere „Villa Kunterbunt" zu einem Heim macht, auch wenn ich wieder einmal unterwegs bin.

Manchmal werde ich gefragt, wie ich es als alleinerziehende Mutter von vier Kindern geschafft habe, eine Firma zu managen und nebenbei ein Buch zu schreiben. Die Frage macht mich immer etwas verlegen, doch es gibt eine klare Antwort darauf:

Ich mache keinen Sport und ich gucke auch kein Fernsehen. Und on top hat mir ein Mensch in meinem Leben unermessliche Energie geschenkt. Deshalb gilt mein tiefster Dank Dir, Dragon. Du bist meine große Liebe. Mit Abstand. Jeden Tag hast Du mich auf Händen getragen, nie hast Du an mir gezweifelt. Letztlich hast Du mit Deinen liebevollen wie klugen Ratschlägen dafür gesorgt, dass ich heute mache, was ich mache. Wenn ich das Logo meines Unternehmens Fine Weddings & Parties ansehe, sehe ich uns beide, wie wir es gemeinsam entwickelt haben. Nun ist alles da. Ich weiß, Du bist stolz auf uns – so wie ich es bin. Danke, Sascha.

BILDNACHWEIS

DIE AUTORIN

NADINE METGENBERG, Jahrgang 1975, wuchs in Nordrhein-Westfalen in einer Großfamilie auf, in der Spaß schon immer eine ernstzunehmende Angelegenheit war. Die gelernte Betriebswirtin hat ein Diplom in Internationalem Management und lebte für einige Jahre in Spanien und Südamerika, wo sie internationale Events für die Konrad-Adenauer-Stiftung organisierte. Ihr Know-how eignete sie sich u. a. bei internationalen Wedding-Planer-Koryphäen wie Sarah Haywood (London) und Marcy Blum (New York) an.